Pourquoi la tartine tombe toujours du côté du beurre

Dans la même collection :

Oh, la Physique !, Y. Perelman, 2000
Oh, les nombres !, Clifford A. Pickover, 2001
Oh, encore les nombres !, Clifford A. Pickover, 2002
Pour le plaisir de se casser la tête, L. Thépault, 2003
Pour le plaisir de se casser (encore plus) la tête, L. Thépault, 2005
Pour le plaisir de se casser (un peu) la tête, L. Thépault, 2006
Oh, la Chimie !, P. Depovere, 2004
Ce qu'Einstein disait à son coiffeur, R. Wolke, 2005
Espèce de Trochoïde !, L. de Brabandere, C. Ribesse, 2006

Richard Robinson

Pourquoi la tartine tombe toujours du côté du beurre

La loi de Murphy expliquée à tous

Traduit de l'anglais par Julien Ramonet

DUNOD

L'édition originale de cet ouvrage a été publiée en 2005 par Constable & Robinson Ltd sous le titre : *Why the toast always lands butter side down.*

This translation of *Why the toast always lands butter side down*, originally published in English in 2005 by Constable & Robinson Ltd, is published by arrangement with Constable & Robinson Ltd UK.

Illustration de couverture : « Les Shadoks »,
dessin original de Jacques ROUXEL
© aaa, Paris, 2000

ISBN : 2 10 049947 5

Table des matières

Remerciements

Quasiment toutes les personnes et la plupart des objets inanimés que j'ai croisés ont contribué à cet ouvrage. Je remercie en particulier Rory Fidgeon et Sam Hutton pour leur relecture et Bill Parish pour les calculs mathématiques. Thirzie, Philip, Judy et Leonie ont eu, à un moment ou à un autre, à me supporter pendant que j'écrivais ce livre. Qu'ils reçoivent ici mon respect.

À mon Papa, mieux vaut tard que jamais.

Avant-propos

La loi de Murphy

La loi parmi toutes les lois, la loi de Murphy, se tient au-dessus de toutes les autres, comme un convive que l'on n'a pas invité à la fête. Quel que soit votre champ d'expertise, Murphy est là pour vous perturber, vous retarder et vous frustrer. Plus vous ferez d'efforts, plus vous serez contrarié(e).

Tout ce qui peut mal tourner tourne mal

Comme toutes les grandes lois, sa formulation est extrêmement simple. Comme toutes les grandes lois, elle est, une fois énoncée, complètement évidente. Plus vous la côtoierez et plus vous constaterez l'emprise absolue qu'elle exerce sur le monde. Vous ne pouvez pas lui échapper. Vous ne pouvez pas beurrer l'autre côté de votre tartine. La loi et ses articles vous encerclent de toutes parts :

- ***Tout ce qui devrait bien se passer tourne mal***
- ***Le mieux est l'ennemi du bien***
- ***Toute tentative de ne rien faire, pour que rien ne tourne mal, tourne mal***

Découvertes par des techniciens qui travaillaient sur des crash-tests à la base d'Edwards de l'US Air Force en Californie en 1949, les lois de Murphy se sont rapidement répandues. On les trouva partout : les gens se rendirent alors compte que les bus arrivaient par trois, que les objets dont ils avaient besoin étaient devenus invisibles et que les objets vitaux roulaient sous le meuble le plus lourd si on avait le malheur de les laisser tomber. La liste s'allongea. Après les objets, les animaux et les gens firent leur entrée dans cette liste : rien ne fonctionne quand quelqu'un regarde ? Votre nez commence à vous démanger dès que vous avez les mains prises ? Cela nous arrive à tous.

Y a-t-il une explication rationnelle ? C'est ce que ce livre va tenter de vous apporter. En fait, un examen attentif des lois de Murphy nous informera sur nous-mêmes et sur la confusion croissante de nos vies.

Murphy au XXIe siècle

La loi de Murphy est l'enfant du monde moderne et de sa complexité, qui mettent nos cerveaux à rude épreuve. Si vous recherchez un temps d'innocence où Murphy n'existait pas encore, il vous faut remonter à la fin de l'Âge de Pierre, environ 5 000 ans avant J.-C. Pour avoir une idée de ce à quoi la vie ressemblait à l'époque, regardez par la fenêtre et imaginez qu'il n'y a plus de maisons, de jardins, de voitures ni de routes. Continuez jusqu'à ce qu'il ne reste rien. Enlevez ensuite presque tout le monde. Plantez des arbres. Beaucoup d'arbres. Saupoudrez de chèvres. Vous voilà arrivé(e) au Paléolithique. Tout ce que nos ancêtres possédaient était fait à partir d'arbres, de pierres et de chèvres. On ne pouvait pas faire grand-chose avec ces matériaux bruts ; il n'y avait donc pas grand-chose qui pouvait mal tourner. Nos arrière-arrière-arrière-... arrière-grands-parents n'ont donc que très rarement rencontré M. Murphy. Et le monde avait été le même pour leurs parents et leurs grands-parents, et ce jusqu'à leur lointain ancêtre, le lémurien. Les lémuriens, les singes et les humains ont évolué pendant des millions d'années pour pouvoir s'épanouir dans cet environnement simple, sans prétention et immuable.

Comparez cela à la cacophonie moderne. En quelques siècles, les humains modernes ont déniché 92 éléments chimiques naturels, qui peuvent servir à former 9 292 molécules exotiques, à partir desquelles on peut former

9 292 × 9 292 trucs merveilleux, qui peuvent nous donner 9 292 × 9 292 × 9 292 raisons de nous arracher les cheveux. Pour héberger tous ces objets, les Hommes modernes ont construit des lotissements, des entrepôts, et des centres de loisirs sur les terres de chasse du Paléolithique. En 2 000 avant J.-C., une famille moyenne de dix individus pouvait vivre, avec tous ses outils et ses jouets, dans une pièce pas plus grande qu'une cuisine moderne. De nos jours, les Occidentaux achètent une résidence secondaire pour stocker une foule de babioles sans lesquelles ils ne pourraient soi-disant pas vivre. Ce faisant, ils ont balayé le système tribal simple d'il y a 4 000 ans et l'ont remplacé par le réseau social riche et complexe de nos grandes villes. Les liens sociaux sont la conséquence d'une énorme augmentation de la population. La population totale de l'Âge de Pierre tiendrait dans une ville moderne moyenne.

Nous avons parcouru beaucoup de chemin depuis l'Âge de Pierre, mais nous avons laissé nos cerveaux en route. Notre esprit raisonne toujours en termes paléolithiques. Murphy se trouve à l'endroit où l'esprit paléolithique et le monde moderne se rencontrent. Comment notre esprit de l'Âge de Pierre réagit-il à l'Âge de Plastique ? Il est complètement perdu. Toutes les personnes qui ont vu un adulte se débattre avec un bouchon équipé d'une sécurité enfant vous le diront, tout progrès s'accompagne de sa peau de banane, signée Murphy.

Le but de ce livre est de répondre aux deux questions suivantes : pourquoi les objets inanimés font-ils ce qu'ils font ? Et pourquoi cela nous énerve-t-il tant ?

La deuxième partie de ce livre traite des objets inanimés. D'après mon expérience, crier après des objets inanimés nous prend beaucoup trop de temps dans une journée. Mais il peut être réconfortant de savoir qu'il existe une explication rationnelle au fait que le linge sorte de la machine à laver complètement emmêlé dans la housse de couette. (En fait ces vêtements coincés dans la housse de couette peuvent nous donner des informations sur l'Univers, nous permettre de comprendre pourquoi les détritus sont là où ils sont sur les routes, pourquoi la mer des Sargasses a cette forme et pourquoi les citadins déménagent à la campagne.) Au chapitre 8, vous trouverez quatre-vingts explications raisonnables à des phénomènes courants mais déconcertants. Mais cela nous amène à une question : s'il y a une explication scientifique, pourquoi tout cela nous étonne-t-il encore ?

La réponse se trouve en nous-mêmes car, souvent, la loi de Murphy se trouve dans l'œil de l'observateur. Notre esprit pense que le monde entier nous en veut, alors qu'il est totalement innocent. La première partie de ce livre étudie la façon dont notre cerveau nous fait tout voir du mauvais côté.

Le puzzle

Comprendre le monde, c'est comme faire un puzzle : on regarde les pièces, on les compare à l'image originale sur la boîte et on essaie de les assembler. Pour notre puzzle mental, les « pièces » sont les messages que nos sens envoient à notre cerveau. L'« image originale », ce sont les attentes de notre cerveau et les souvenirs qu'il utilise pour analyser les messages. Relier les tout fait appel à l'ensemble du cerveau et les trois étapes de cette tâche sont perverties par l'influence maléfique de Murphy.

Le **chapitre 1** décrit la façon dont nos sens récoltent les pièces du puzzle. Comme certains puzzles, le puzzle sensoriel est plutôt difficile. L'image change dix fois par seconde (c'est à cette fréquence que le cerveau met à jour sa perception du monde). De plus, c'est un puzzle à un million de pièces : un million d'impulsions nerveuses qui arrivent vers notre crâne, à chaque dixième seconde. C'est une marée de pièces de puzzle, et il faut leur donner un sens. Le mieux que l'on puisse faire, c'est en saisir quelques-unes au vol lorsqu'elles passent et essayer de deviner le reste de l'image à partir de ce que l'on a.

Au chapitre 1, nous verrons combien il est facile de se tromper. Nous découvrirons certaines des techniques que nous utilisons pour filtrer les données qui arrivent, comme les mécanismes d'habituation et d'attention.

Les illusions des chapitres 1 et 2 ont été délibérément conçues pour vous envoyer des messages erronés et prendre vos sens en défaut. On peut en rire en laboratoire (ou dans ce livre) car on l'a vu venir mais, dans la rue, lorsque l'on ne s'y attend pas, cela peut nous envoyer au tapis (parfois au sens propre : je parle des millions d'entre nous qui se sont déjà cognés dans une porte en verre qui n'avait rien à faire là). De nombreuses lois de Murphy proviennent de notre simple incapacité à voir ce que l'on a sous le nez.

Une fois les pièces du puzzle recensées et mesurées (au **chapitre 2**), notre cerveau doit en comprendre le sens. Au **chapitre 3**, nous étudierons le rôle de l'« image originale », à savoir nos souvenirs. Dans notre puzzle mental, les visions et les senteurs de la vie de tous les jours nous renvoient à nos banques de souvenirs. Est-ce que ce point est un œil ? Est-ce que ce carré bleu est un bout de ciel ? Notre mémoire nous donne une idée de ce à quoi on peut s'attendre. Mais, lorsque la loi de Murphy s'en mêle, nous ignorons les faits et n'utilisons que nos croyances : tard le soir, une ombre dans l'un des coins de notre chambre peut nous rappeler une silhouette humaine. Est-ce un cambrioleur ? La loi de Murphy nous dit que, plus on a besoin de sommeil, plus la forme en question ressemble à un voleur, probablement armé d'un énorme couteau. Notre mémoire ne fonctionne parfois tout simplement plus – on entre dans une pièce pour chercher quelque chose et puis on tourne en rond comme des idiots parce que l'on ne se souvient plus pourquoi on est venu(e) là. (Les lecteurs seniors qui pensaient que c'était un signe annonciateur de la sénilité qui les guette seront heureux d'apprendre que cela arrive également aux enfants de dix ans.)

À l'étape suivante, il faut établir des liens. Au **chapitre 4**, on assemble les pièces du puzzle. Ici, la probabilité d'action de la loi de Murphy augmente de façon exponentielle car nous sommes à peu près incapables d'assembler correctement les pièces du puzzle. Ici, la différence entre notre puzzle mental et un puzzle en bois devient particulièrement évidente. Les puzzles en bois n'ont qu'une façon de s'emboîter; le puzzle mental semble flexible à l'infini, comme si c'était de la gelée. Si deux faits ne semblent pas pouvoir s'accorder, on peut facilement les malmener et les déformer jusqu'à ce qu'ils finissent par s'emboîter. Cette compulsion à forcer sur les pièces qui ne vont pas ensemble nous cause de gros problèmes. Si vous êtes porteur(euse) de mauvaises nouvelles, faites attention. La tendance qu'ont les tyrans à tuer le messager n'est pas un mythe. Ils assimilent « messager » à « mauvaise nouvelle » jusqu'à être convaincus que l'un est responsable de l'autre et le tuer.

Bien que notre puzzle semble complet, ce n'est pas tout à fait fini. Le puzzle et tout ce qui l'entoure baignent dans un liquide épais, bouillonnant et électrique – les émotions. Le **chapitre 5** étudie les perturbations que les émotions peuvent introduire. Il ne s'agit pas que des grandes passions – l'amour, la haine, la peur – mais de tout le spectre, de votre premier baiser à votre dernier bâillement. Rien, absolument rien, n'échappe aux émotions, que ce soit un python ou un tuyau d'arrosage. Des recherches menées avec des techniques d'imagerie médicale modernes ont montré que, lorsque nos yeux se posent sur quelque chose pour la première fois, la première chose que nous faisons (et cela se produit si vite et si inconsciemment que nous ne nous en rendons pas compte), c'est de vérifier si nous devons nous enfuir. Cela semble absurde de nous imaginer, avec toutes nos connaissances, regarder un tuyau d'arrosage et nous demander si nous devons nous enfuir en hurlant. Mais les tuyaux d'arrosage ressemblent à des serpents au premier abord et, si cette forme allongée s'avérait être vraiment un python, nous nous enfuirions littéralement avant d'avoir conscience de ce à quoi nous essayons d'échapper, et nous serions reconnaissants du réflexe qui nous a fait prendre nos jambes à notre cou. (Pour savoir ce que fait un cheval quand il voit un tuyau d'arrosage, voyez p. 107). La partie du cerveau responsable de ce réflexe est l'amygdale, le siège de nos émotions. L'amygdale règne sur tout le reste comme un pharaon égyptien. Notre état émotionnel influence la façon dont nous percevons ce qui nous entoure et nous pousse parfois à faire des choses bizarres – comme le dit un dicton anglais : « Pour un homme avec un marteau, tout ressemble à un clou ». C'est valable pour les humains et pour les animaux – les chevaux bondissent lorsqu'ils voient un tuyau d'arrosage car leur émotion leur a dit de courir avant que leur intelligence ait eu le temps de leur dire que ce n'était pas un python.

Le **chapitre 6** est un chapitre social. Beaucoup de lois de Murphy s'appliquent lorsque nous avons de la compagnie. Au grand désespoir des chercheurs en psychologie, les gens sont complètement différents lorsqu'ils sont en groupe et lorsqu'ils sont seuls. Quelles que soient les recherches que vous pouvez mener sur des gens seuls, vous n'avez plus qu'à jeter vos graphiques et vos tableaux à la poubelle lorsqu'ils sont avec leurs congénères. Des humains parfaitement adaptés qui vont voir un match de football ou faire une partie de paint-ball le week-end deviennent violents, se mettent à hurler, les yeux exorbités, et même leur famille ne les reconnaît pas.

On peut faire croire aux gens les choses les plus incroyables lorsqu'ils font partie d'une foule – c'est bien sûr le berceau de la politique : « Certains de mes meilleurs amis sont allemands » laisse la place à : « À mort les Aryens ! » On peut penser que le succès de notre espèce repose sur notre capacité à mettre notre individualité de côté suffisamment longtemps pour aider notre parti, notre armée, notre tribu ou notre entreprise à battre un ennemi. En temps de paix, cependant, il peut y avoir un manque de convergence au sein d'un groupe d'individus. Quiconque a eu l'occasion d'observer les rouages d'une commission pourra confirmer l'étrangeté de certains comportements du groupe. Le sixième domaine d'action de Murphy couvre donc les commissions, les foules, les fêtes et la vie de famille.

Au **chapitre 7**, nous verrons ce qui peut se produire lorsque l'on assemble le monde à l'envers. La trop fréquente tragédie qui en résulte peut prendre plusieurs formes de par le monde.

Enfin, au **chapitre 8**, nous nous intéresserons au monde inanimé et nous découvrirons combien d'animation nous lui prêtons. J'espère que vous y trouverez des réponses à certains des mystères de la vie. Vous trouverez peut-être des réponses à des questions que vous n'aviez même pas imaginées. Et je suppose que vous penserez à beaucoup de questions auxquelles ce livre ne répond pas : d'après la loi de Murphy, je penserai à beaucoup de choses importantes dont j'ai oublié de parler le lendemain de la publication de ce livre.

Bonne lecture.

Note sur la forme du cerveau

Les figures des pages suivantes illustrent la fonction des différentes parties du cerveau mais une précaution s'impose : elles sont très simples et donc forcément inexactes. La lecture de ce livre devrait vous sensibiliser au fait que quelque chose qui est facile à comprendre est nécessairement faux. Ne prenez donc pas les informations qui suivent au pied de la lettre. Par exemple, l'amygdale n'est pas la seule zone qui influence les émotions mais elle semble être la partie centrale de cette chaîne complexe de processus, c'est pourquoi on lui attribue ce rôle simple dans cet ouvrage. N'essayez pas de vous représenter votre cerveau à partir des seuls dessins ci-après. Le cerveau contient approximativement 100 000 000 000 de neurones, chacun d'entre eux compte plusieurs dizaines de connexions et il n'est pas nécessaire d'avoir un gros cerveau pour réaliser que le nombre de connexions possibles dépasse le nombre d'atomes dans l'Univers. Il est donc impossible de bien en comprendre le fonctionnement. Si le cerveau était suffisamment simple pour que l'on puisse le comprendre, nous serions tellement simples d'esprit que nous n'en serions pas capables.

- **L'amygdale**

C'est le centre émotionnel du cerveau. Quoi que l'intellect puisse dire, c'est l'amygdale qui donne la teneur émotionnelle à nos expériences. Sans elle, le monde serait terne et plat. Grâce à elle, on peut se battre, fuir, aimer et haïr.

- **L'hippocampe**

La mémoire commence ici; les souvenirs sont créés à partir des données fournies par le cortex, les différents organes sensoriels et l'amygdale. Une fois construits, les souvenirs sont stockés autour du cortex. Si l'hippocampe a subi des lésions, les souvenirs antérieurs à l'accident sont intacts mais les souvenirs postérieurs ne laissent pas de trace mnésique.

- ***L'hypothalamus***

La principale fonction de l'hypothalamus est l'*homéostasie*, c'est-à-dire le maintien de l'équilibre du corps. Il contrôle le taux de sucre dans le sang, sa température, sa pression et sa teneur en oxygène, et il reçoit des informations des autres zones du cerveau. Selon les besoins, il peut agir de deux façons différentes – en envoyant des signaux aux différentes zones du cerveau qui permettent de modifier le comportement (par exemple, si le taux d'oxygène est trop bas, il pousse le corps à rechercher de l'air, initiant ainsi une « crise de panique »); et grâce à des messagers chimiques, par l'intermédiaire de l'hypophyse.

- ***L'hypophyse***

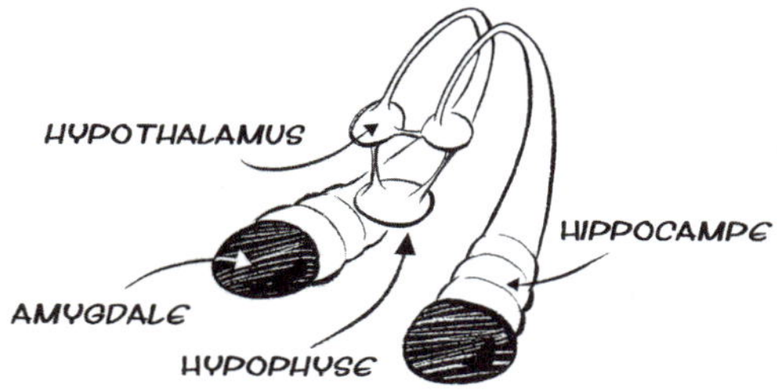

On la surnomme parfois la glande « maîtresse » du système endocrinien car elle contrôle les fonctions des autres glandes endocriniennes. L'hypophyse n'est pas plus grande qu'un pois et elle se situe à la base du cerveau. Sous la direction de l'hypothalamus, elle secrète bon nombre d'hormones vitales qui stimulent les glandes surrénales, la glande thyroïde, les ovaires et les testicules.

- ***Le thalamus***

Le manque relatif d'informations sur ce gros corps central, par rapport à tout ce que l'on sait par exemple sur le minuscule hypothalamus, montre combien il nous reste de choses à apprendre sur l'esprit humain. Tout ce que nous savons c'est

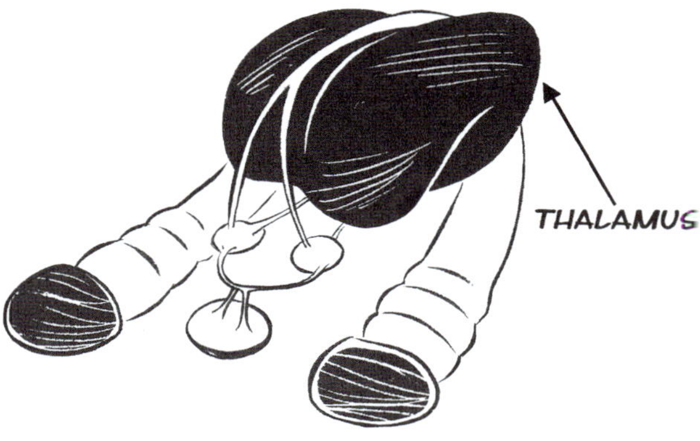

que quasiment toutes les parties du cerveau communiquent régulièrement avec lui. Il semble être le dernier « arrêt au stand » pour les informations en direction du cortex – triant et passant au crible les signaux avant de les faire suivre ou de les renvoyer.

• ***Le putamen***

C'est la base d'un type particulier de mémoire : l'apprentissage des compétences techniques, qui font appel à la coordination des membres, des yeux, des souvenirs, qui sont en lien avec la gravité, etc. Jouer du piano, faire du skateboard ou jouer du piano sur un skateboard, par exemple, sont donc coordonnés par le putamen.

• ***Le cortex***

Comparée au réseau complexe de tâches des régions inférieures, la couche extérieure de « matière grise », épaisse d'environ un centimètre, semble très simple. Chaque zone a des limites claires bien que l'on ne puisse décrire que

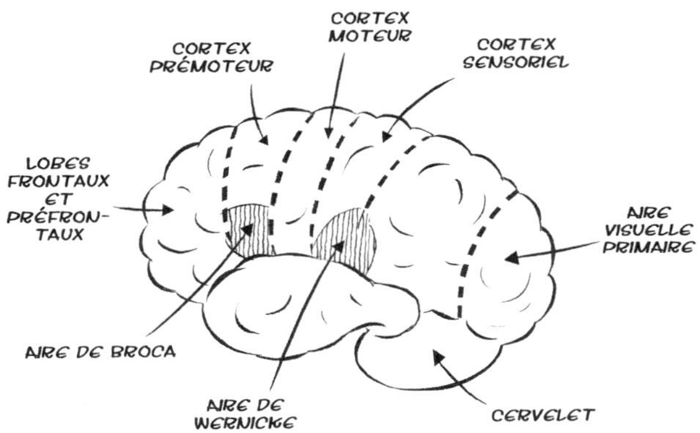

de façon générale les détails complexes de ce qui se passe à l'intérieur de ces limites.

- ***Le cervelet***

Il s'occupe de l'équilibre et de la coordination des muscles. L'importance de son rôle apparaît lors des dysfonctionnements. Parmi ces problèmes, on trouve un tremblement des membres, de l'errance dans le regard et des difficultés de mise au point, des clignements d'yeux incontrôlés, des difficultés à mâcher et à avaler. Même le simple fait de rester immobile nécessite un contrôle constant du cervelet.

- ***L'aire de Broca et l'aire de Wernicke***

Le langage fait appel à deux processus : l'aire de Wernicke s'occupe de la compréhension des mots; l'aire de Broca coordonne la parole.

- ***Le cortex visuel***

Le cortex visuel traite les données en provenance des yeux; une partie du cortex visuel analyse la couleur, une autre analyse la forme, le mouvement, la profondeur, etc. Le jugement de l'« importance », plus complexe, s'effectue à la périphérie et fait appel aux souvenirs et au corps dans son ensemble.

- ***Le cortex sensoriel***

Il contient la carte du corps dans son ensemble, divisé de façon régulière de la tête au pied, en commençant par la tête (sur les bords extérieurs du cerveau) et en finissant par les orteils (au sommet du cerveau). Il surveille non seulement les capteurs du toucher, mais également la position et l'angle des membres, et cette zone est communément appelée cortex « somatosensoriel ».

- ***Le cortex moteur***

Il s'occupe de transmettre aux muscles les ordres de l'esprit.

- ***Le cortex prémoteur***

Il calcule ce que doivent faire les muscles, avec quelle intensité et pendant combien de temps. Le cortex prémoteur planifie des actions à partir des informations que lui fournissent les aires qui se trouvent juste devant lui.

- ***Les lobes frontaux et préfrontaux***

Les psychologues se sont beaucoup intéressés à cette région car elle est très importante, même si elle est beaucoup plus amorphe que les zones de derière. Il semble que ce soit ici que résident la volonté, le jugement, l'éthique, la conscience, la méditation et l'inspiration. Tenter d'analyser ce que ces termes signifient exactement, tenter de trouver quel amas de neurones se rapporte au « respect des aînés », par exemple, représente soit la quête du Graal des neurosciences, soit la poursuite d'un feu follet, selon la construction de vos lobes frontaux et préfrontaux.

Recevoir les informations : les sens

La première étape, lorsque l'on fait un puzzle, consiste à vider la boîte sur la table, retourner les pièces et voir ce que l'on a.

Pour faire notre puzzle mental, il faut aussi regarder les pièces. Mais c'est un très grand puzzle. Vraiment très grand. Notre cerveau manipule une énorme quantité d'informations en provenance de millions de nerfs se terminant dans nos yeux, nos oreilles, notre nez, notre langue et notre peau. Si c'était un puzzle, il y aurait des millions de pièces. Et, comme notre esprit met cette image à jour dix fois par seconde, les pièces du puzzle mental devraient également se renouveler dix fois par seconde pour suivre. Comment le cerveau fait-il pour traiter tout ça ? Il ignore tout simplement la plupart des signaux qui arrivent, en attrape quelques-uns au vol, et remplit les blancs avec des suppositions.

Vous seriez stupéfait(e) de savoir la quantité d'hypothèses que vous faites. Ce qui suit vous en donnera une idée : couvrez le bas de cette page, jusqu'à la pièce de puzzle ci-dessous. Regardez l'œil au milieu de cette pièce. Tout en restant concentré(e) sur cet œil, découvrez le reste de la page. Essayez maintenant de lire les mots qui se trouvent sous la pièce de puzzle sans bouger les yeux. À un moment donné, vos yeux ne peuvent capter qu'une aire de l'ordre de celle de la pièce de puzzle. Le reste du tableau n'est que rumeurs et ouï-dire : vous le devinez.

Plus tard, nous nous intéresserons à la façon dont nous faisons ces conjectures. Au Paléolithique, dans un monde peuplé de rochers, d'arbres et de chèvres, nos ancêtres pouvaient assez bien deviner ce que les signaux signifiaient; c'est beaucoup moins vrai aujourd'hui. De nouvelles couleurs, de nouvelles odeurs et de nouveaux sons submergent nos sens et Murphy nous suit à la trace.

Étudions le fonctionnement des sens, et voyons combien il est facile de se tromper.

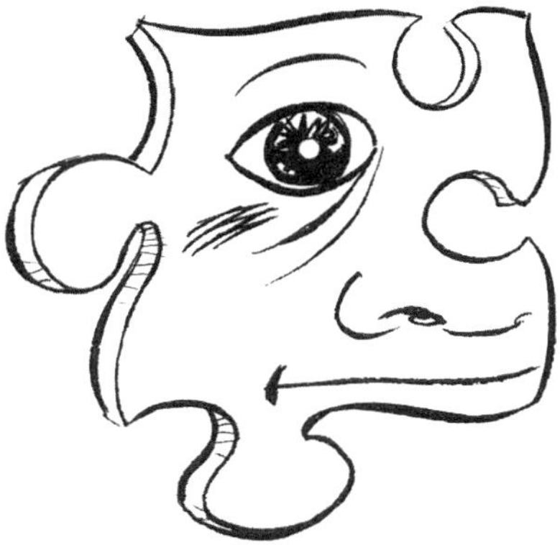

POTENTIALISATION

L'ouïe

Rien n'est plus simple que les sons, qui sont des ondes de compression de l'air. Peu importe le nombre de bruits, de conversations, de chansons, de sifflements ou de rots qu'il y a dans la pièce autour de vous, ce qui rentre dans votre oreille, c'est de l'air comprimé. Le tympan vibre, les vibrations traversent la cochlée, qui transforme les vibrations en impulsions nerveuses, qui partent vers le cortex

auditif. Et c'est là que ça devient marrant. Faisant preuve de capacités médico-légales fantastiques, le cortex auditif sépare les signaux bruts en sons individuels. Les chasseurs du Paléolithique pouvaient différencier le chant des oiseaux, le bruissement des arbres et le bruit d'une rivière du son qu'ils voulaient entendre, un cerf mangeant des feuilles derrière un buisson. Aujourd'hui, nous sommes entourés par un vacarme différent. Dans une fête, la musique remplace le chant des oiseaux, ce sont les vêtements qui bruissent, cent personnes qui jacassent remplacent la rivière qui s'écoule, et le son que nous voulons entendre n'est plus celui d'un cerf qui mâche des feuilles, mais celui d'un invité qui grignote un toast et nous parle de ses passions.

Bien qu'il ne parle pas très fort et que le bruit environnant soit bien plus élevé, nous l'entendons très bien. Ce phénomène est appelé « effet cocktail », car un homme du nom de Colin Cherry fut le premier à le remarquer et à s'y intéresser dans les réceptions [1]. Ses travaux pionniers, menés dans les années 1950, n'avaient pas pour but de nous aider à comprendre les fêtes, mais d'aider les contrôleurs aériens à gérer le murmure constant de voix dans leurs écouteurs. Les travaux de Cherry sur les contrôleurs aériens ont montré que nous sélectionnons ce que nous voulons écouter et parvenons à ignorer le reste. Ce que cela montre, c'est que, dès que le cerveau a séparé et étiqueté les sons, il les rejette pratiquement tous, ne gardant que ceux de notre voisin et de ses passions.

En fait, ce n'est pas si simple, comme Murphy nous le rappelle de temps en temps. Les autres bruits ne sont pas instantanément rejetés : nous les surveillons de façon inconsciente. En voici la preuve :

Si vous dites le mot « sexe », tout le monde arrête de parler

Tout à coup, tous les invités de cette fête vous écoutent. Comment ont-ils pu entendre ce mot au milieu de tout ce vacarme ? C'est embarrassant. Cette loi de Murphy met en lumière une capacité remarquable du cortex auditif. Le cerveau semble ignorer le ronronnement, mais il y cherche des mots-clés de façon inconsciente avant de les rejeter. Les sons que le cerveau considère comme intéressants remontent jusqu'à la conscience. Comme on pouvait s'y attendre, le mot « sexe » est considéré comme intéressant.

D'autres mots ou sons intéressants peuvent émerger du vacarme. Un téléphone portable qui a la même sonnerie que le vôtre vous

fera dresser l'oreille. Si quelqu'un prononce votre prénom, vos oreilles siffleront – et on a pu constater que, si vous entendez votre nom, vous entendez également plusieurs des mots qui l'ont précédé, ce qui prouve que le cerveau conserve tous les sons qui lui arrivent pendant quelques secondes.

Une messe basse s'entend mieux qu'un cri

Le cerveau surveille consciencieusement les bruits environnants. Des variations minimes de l'enveloppe du son sont considérées comme dignes d'attention, même si le volume sonore diminue. Si le couple à côté de vous baisse la voix pour murmurer, vous vous mettez en alerte et vous tendez l'oreille.

Lorsque vous espionnez vos voisins, vous n'entendez pas tout ce qu'ils disent, seulement quelques mots épars. Votre cerveau ajoute ce qu'il pense qu'il manque. En général, vous vous débrouillez plutôt bien, mais vous faites parfois des erreurs. Voici une analogie qui vous montre comment cela se passe. Regardez les mots sur la page suivante. Vous n'en voyez qu'une partie, et vous reconstruisez le reste. Votre cerveau rajoute ce qui lui semble être le plus plausible mais, bien sûr, c'est faux (regardez la page d'après pour connaître l'étendue de votre erreur).

Le cerveau a tendance à entendre ce qui lui plaît à partir des fragments qu'il reçoit.

Trois ivrognes titubaient dans la rue. « Tiens, mais c'est Pierre, de l'autre côté de la rue », dit le premier. « Quoi, une pierre, où ça ? », demanda le second. « Moi aussi, j'ai soif », dit le troisième, « Allons en reprendre une. »

J'ai récemment eu une conversation avec une Chinoise (et Murphy) à Pékin. Son accent n'était pas parfait, mais je pensais que nous nous comprenions bien. Elle me disait qu'elle avait suivi des études d'ingénieur à Grenoble. Je lui ai demandé si la ville lui avait plu, elle me répondit que c'était le cas. Je lui ai demandé si elle y était retournée depuis, et elle me répondit qu'elle y vivait toujours. « Vous habitez toujours en France ? » « Non, j'habite toujours à Pékin. »

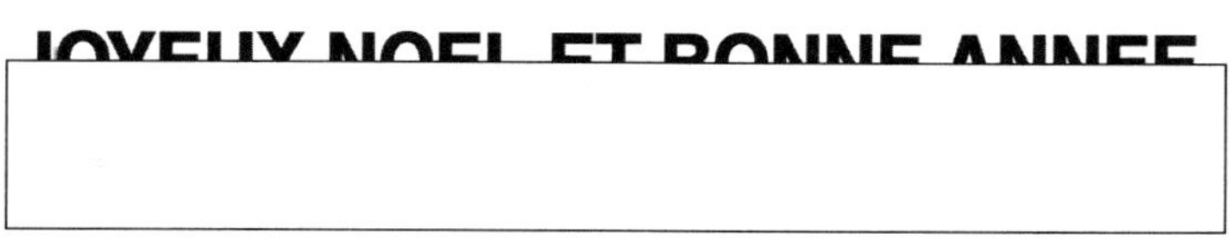

1. « Un cheval ! J'ai dit un *cheval* en bois !! » (horse = cheval, house = maison).

Nous avons marqué une pause, et j'ai alors compris qu'elle me parlait de ses études d'ingénieur agronome. Une petite différence de prononciation nous a menés à une conversation surréaliste.

La proprioception

La proprioception est la Cendrillon des sens, toujours exclue du Club des Cinq (l'ouïe, la vue, l'odorat, le goût et le toucher). Mais, quand vous vous endormez sur votre bras et que vous vous réveillez avec un avant-bras insensible qui pend au bout de votre coude, vous devriez être content(e) de savoir où se trouvent vos membres. C'est ce que l'on appelle la proprioception. La possibilité de marcher, de courir ou de se tenir debout dépend de cette information, et du fait que le cervelet reçoit des signaux de feedback envoyés par l'ensemble du corps. (Le terme *cervelet* provient du latin et signifie « petit cerveau ». Il ressemble vraiment à un cerveau de secours, qui pend juste en dessous du principal, à l'arrière, derrière le tronc cérébral.)

IQXFUY NQFI FT RQNNF ANNFF

Votre bras engourdi retrouve assez vite sa sensibilité mais, dans son livre *L'homme qui prenait sa femme pour un chapeau*, Olivier Sacks décrit le réveil de l'un de ses patients, qui trouva la jambe de quelqu'un d'autre dans le lit à côté de lui [2]. Terrifié, il jeta cette chose effrayante en dehors du lit; mais cette jambe était en fait la sienne, si bien qu'il fut également éjecté, et finit par terre. On n'y pense pas, mais la proprioception est un sens vital. Ce patient l'avait perdu. Sa jambe était par ailleurs totalement normale, mais elle n'envoyait plus de messages sur sa position, et elle avait donc tout simplement cessé de faire partie de lui. Ce qui nous intéresse en premier lieu ici, c'est que l'esprit du patient devait pouvoir expliquer ce qui se passait. Il se retrouvait donc à croire quelque chose d'impossible, que cette jambe qui ressemblait clairement à la sienne et qui était à la bonne place était en fait celle de quelqu'un d'autre.

Vous pouvez perturber votre proprioception en envoyant des spasmes dans vos muscles. Tenez-vous près d'un mur, comme le montre le dessin ci-contre. En gardant votre bras bien droit, appuyez-le fortement contre le mur. Maintenez votre effort pendant 30 secondes, puis relâchez-vous. Si vous regardez votre bras, vous constaterez qu'il n'est pas au bon endroit, et qu'il flotte au-dessus de l'endroit où vous pensez qu'il devrait être.

C'est lorsqu'on est au bord d'une falaise qu'il faut être détendu(e), et c'est là qu'on n'y arrive pas

(Why the World is Wonky, du même auteur)

Lorsque vous êtes au bord d'une falaise, le fonctionnement régulier de votre cervelet est délaissé au profit d'une autre activité pour laquelle le cerveau est très doué – la panique. Nous avons une peur innée du vide. On peut le constater chez les bébés, dès qu'ils commencent à se déplacer; s'ils rampent vers leur mère et rencontrent du vide, même s'ils en sont visiblement protégés par une plaque de verre sur laquelle ils peuvent ramper, ils n'iront pas plus loin.

Lorsque vous êtes au bord d'une falaise, votre réponse de peur face au vide rend votre cervelet impuissant. La réponse viscérale à la peur est l'immobilisme. Cette réaction s'oppose au travail du cervelet, qui vous permet de vous tenir debout. Vous avez donc tendance à vous asseoir et à refuser de bouger.

Avec beaucoup de pratique de la marche au bord des falaises, vous apprenez à faire confiance à votre cervelet et à le laisser faire son travail.

Lorsque vous vous lancez dans une nouvelle activité, comme l'acrobatie, par exemple, votre cervelet doit entamer un nouveau chapitre décrivant tout ce qui se passe lorsque vous avez la tête en bas. Pour moi, être la tête en bas est aussi familier qu'être sur une autre planète; pour les acrobates d'un cirque, qui font cela toute la journée, marcher sur les mains n'est pas plus difficile que de marcher sur les pieds. Au fil des années, leur cervelet a fait tous les calculs, et cela leur est devenu naturel.

Les enfants font instinctivement travailler leur cervelet en grimpant aux arbres, en marchant sur les murets, en montant sur les pyramides dans des terrains de jeu, etc. Mais la multiplication des aires goudronnées limite les occasions de s'entraîner. Tomber d'un arbre est instructif si vous tombez sur de la pelouse, mais dangereux si vous tombez sur du béton. Plutôt que de mettre de la pelouse, les autorités préfèrent enlever les arbres. Nos enfants n'ont maintenant plus rien pour s'entraîner. Moins de pratique entraîne moins de confiance, ce qui fait que nos enfants sont tout bonnement moins en sécurité.

La vue

Avec l'œil, comme avec le reste, la plupart de notre « observation » est en fait de l'imagination. La structure de l'œil nous en donne l'explication. Il y a 130 millions de cellules sensibles sur la rétine, au fond de l'œil, mais seulement 1 million de cellules dans le nerf optique, qui achemine les messages au cortex visuel à l'arrière de la tête. Les 129/130e des informations que l'œil reçoit sont donc rejetés ou fortement compressés (comme une image jpeg, mais encore plus). Le cortex visuel utilise son logiciel complexe pour reconstruire l'image. En général, il y arrive. Mais les lois de Murphy nous induisent en erreur; en nous faisant dire : « Eh, regarde comment ce gentil chien me sourit » juste avant qu'il nous morde, par exemple.

On peut observer beaucoup, rien qu'en regardant

(Une des phrases célèbres de Yogi Berra, le joueur et manager de base-ball à l'origine du laconique « Le match n'est pas terminé tant que la grosse dame ne chante pas », et modèle du Yogi Bear.[1])

On dirait que l'illusion ci-contre représente deux triangles superposés. En fait, ce n'est pas le cas. Il y a trois cercles auxquels il manque un secteur et trois V. Votre cerveau a pris ces pièces de puzzle visuel, utilisé son imagination et inventé un triangle passant par les trois cercles, puis un autre triangle imaginaire derrière le premier. Et ce n'est pas tout. Pour que cela soit encore plus clair, votre cerveau ajoute de la couleur : le triangle du dessus semble un peu plus blanc que le fond. Ce que vous voyez est donc un mélange de ce qui est représenté et de ce que vous y avez ajouté.

Le toucher

Les millions de récepteurs de votre peau, répartis sur l'ensemble du corps, envoient des messages à votre cerveau. Les messages ne concernent pas seulement le toucher, mais également la douleur, la pression, la chaleur et le froid. En général, vous n'y prêtez pas attention. Mais vous pouvez facilement les retrouver : vous pouvez maintenant sentir vos chaussures qui vous serrent les pieds… Vous pouvez maintenant les oublier à nouveau.

---

1. Ours apparaissant dans certains dessins animés de Hanna-Barbera. *(N.D.T.)*

Dès que vous vous allongez au soleil sur l'herbe, tous les insectes du monde viennent ramper sur vous

Enlever ses vêtements et s'allonger sur l'herbe n'est pas aussi facile qu'il y paraît. Il y a des tas de bestioles rampantes par terre. Il se pourrait qu'elles aient faim, et qu'elles vous trouvent à leur goût. Vous les sentez marcher sur votre peau. Vous regardez, elles ont disparu. Vous refermez les yeux, elles reviennent avec leur petite famille. Elles vont s'offrir un festin à vos dépens. Mais ce n'est que votre imagination. Ouvrez les yeux, et elles ont à nouveau disparu. Pourquoi imaginez-vous que de petites créatures vous rampent dessus ?

Les capteurs de votre peau envoient beaucoup de bruit de fond à votre cerveau – clics anodins et cliquetis bénins. En temps normal, vous ignorez ces messages : ils font partie des milliards d'informations rejetées par votre cerveau. Mais, parfois, vous en devenez exagérément conscient(e). Si vous avez peur que les coccinelles, les guêpes, les fourmis ou les mille-pattes affamés vous trouvent appétissant(e) alors que vous êtes allongé(e) sur l'herbe, vous écoutez ce fourmillement d'informations, et y voyez à coup sûr une menace pour votre survie.

Le goût et l'odorat

Le sens du goût est organisé un peu différemment des autres sens. Il a une ligne directe avec l'amygdale, le centre de la peur dans le cerveau. Le dégoût est une réaction forte et immédiate à certains goûts ; tant mieux, sinon nous pourrions nous empoisonner. Quand vous éloignez votre nez de l'odeur du lait qui a tourné, la réaction est aussi automatique que si le lait vous avait frappé.

Si c'est bon pour vous, c'est forcément dégoûtant

Les entreprises agroalimentaires savent exactement ce que nous aimons le plus manger, et l'utilisent avec une précision infaillible : le sucre, les graisses et le sel. L'eau nous vient à la bouche lorsque l'on sent une odeur car c'est un cerveau vieux d'un million d'années qui respire, conçu pour vivre dans des contrées stériles n'offrant que de rares occasions de nous nourrir d'autre chose que d'écorce d'arbre. La vue d'une abeille marquait pour nos aïeux le début d'une longue quête : trouver la ruche de l'abeille, monter dans l'arbre où se trouve cette ruche et supporter un millier de piqûres, tout cela pour connaître le goût merveilleux et incroyablement rare du sucré. Cet instinct est toujours présent et guide en permanence nos mains vers les produits sucrés. Le monde moderne met le sucré à notre disposition 24 heures sur 24, ce qui a des conséquences désastreuses sur notre santé. Si on attend patiemment, nos cerveaux évolueront peut-être jusqu'à atteindre un sens de la proportion, un instinct du régime équilibré. En attendant, on ne peut pas s'empêcher d'avoir un petit creux et de reprendre juste une glace de plus…

Le sixième sens

Avons-nous un sixième sens ? La plupart d'entre nous a déjà « senti » quelqu'un arriver par-derrière, mais comment savions-nous exactement qu'il y avait quelqu'un ? La réponse se trouve peut-être dans les processus inconscients qui, nous le savons maintenant, se déroulent sous les couches de notre conscience. De la même façon que nos oreilles surveillent le tohu-bohu dans une fête et y reconnaissent le son de notre nom, elles surveillent les échos imperceptibles et les réverbérations du son dans une pièce vide, et détectent tout changement causé par l'approche d'un objet absorbant les sons. Les personnes aveugles apprennent à écouter beaucoup mieux que les autres les bruits que fait une pièce.

Comme nous le verrons au prochain chapitre, il nous faut regarder avant de voir et écouter avant d'entendre. Une bonne partie de ce qui nous entoure ne passe jamais les portes de la perception, mais il semble que beaucoup de sensations puissent se glisser discrètement dans notre esprit, et s'y cacher de façon troublante.

Conscience : la voix intérieure qui nous met en garde contre le fait que quelqu'un nous regarde peut-être

(H.R. Mencken, 1880-1956; Chrestomathy, 1949)

Le psychologue Richard Wiseman a suffisamment étudié le paranormal pour se sentir prêt à hanter une maison sur commande [3]. Il a déterminé les facteurs cui effrayent les gens : une variation soudaine mais subliminale de température au niveau des jambes; des aimants cachés, qui peuvent agir sur les poils; des infrasons, dont la fréquence est trop basse pour qu'ils soient audibles, mais qui ont une influence sur le corps. Tous ces facteurs agissent sur les personnes, mais de façon subliminale, si bien qu'elles se sentent mal à l'aise, sans savoir pourquoi. Leur imagination fera le reste.

Quand il y a quelque chose que vous n'aimez pas beaucoup chez quelqu'un, sans toutefois pouvoir le nommer, il se pourrait que vous voyiez quelque chose d'inconscient que votre conscient ne peut pas voir. Vous pouvez décrypter une plus grande partie du langage corporel d'une personne que vous ne le croyez. Et les gens se dévoilent plus qu'ils ne croient. Des analyses image par image de vidéos de conversations peuvent révéler des « microréactions », des mimiques rapides qui animent le visage et qui révèlent les vrais sentiments derrière le masque, mais seulement à un niveau subconscient.

L'attention

Dans de nombreuses lois de Murphy, le problème n'est pas tant au niveau des sens qu'au niveau de l'attention qu'on leur porte. Pour Murphy, l'attention est à l'origine de 90 pour cent de la loi.

L'attention est ce qui vous permet de suivre une conversation avec une personne en face de vous, tout en ignorant le vacarme ambiant dans un cocktail et de décider que, ce que vous sentez au niveau de votre peau, ce sont des insectes en train de vous attaquer. Si vous n'ignorez pas une bonne partie des millions de signaux en provenance de vos yeux, vos oreilles et de votre peau, vous serez complètement submergé(e) d'informations sensorielles. La faculté de se concentrer sur un signal et d'éliminer les autres est merveilleuse. C'est comme si le cerveau balayait le monde avec un projecteur, mettant certaines choses en lumière et laissant, heureusement, les autres dans l'ombre.

Mais que faut-il ignorer et sur quoi faut-il porter son attention ? Dans notre monde moderne bouillonnant et bourdonnant, beaucoup de lois de Murphy montrent la difficulté à voir l'arbre dans la forêt, dans un monde où les arbres et les forêts ont été remplacés par le chrome et le plastique.

Plus vous regardez une page, et moins les mots ont de sens

La lecture comporte deux étapes, que nous allons ici séparer : la capacité à balayer une ligne de texte de gauche à droite et à passer à la suivante s'apprend très tôt, et elle est soigneusement conservée dans le putamen (voir p. 11) et peut être utilisée sur commande. La faculté de comprendre les mots en même temps est indépendante. Il est tout à fait possible (cela vous arrivera peut-être avec ce livre) de finir de lire une page et de se rendre compte tout à coup que l'on n'a pas la moindre idée de ce dont elle parlait. Le réflexe du balayage a occulté le fait que vous n'étiez pas vraiment concentré(e).

Un conte populaire bédouin montre combien il peut être difficile de contrôler ses mécanismes d'attention.

Un derviche a enseigné à un Bédouin comment transformer de la paille en or : « Mettez simplement la paille dans de l'eau bouillante », dit-il, « et remuez pendant trois heures. Mais rappelez-vous, pendant que vous remuez, ne pensez surtout pas à un éléphant rose... »

Trouver le sens d'une phrase peut s'avérer plus compliqué qu'il n'y paraît. On pense que le sens d'une phrase émerge à mesure que les mots se suivent. Mais cela est forcément faux – il est impossible de connaître le sens d'une phrase entière à partir des quelques premiers mots. Il faut garder ces premiers mots en mémoire jusqu'à ce qu'il y ait suffisamment de mots pour pouvoir

construire une phrase porteuse de sens.

La conservation des

mots en mémoire pendant l'attente

de l'émergence du sens

est une action

assez complexe.

La compréhension des mots, comme celle les phrases, se fait par modules. Sleon des cehrhcuers de l'Uinervtisé de Cmabirgde en Algnetrere, peu ipomtre l'odrre dans lqeeul les ltretes se tuorenvt, la sluee cshoe irprtnmoate c'est que la pèrimree lterte et la dèrinree lterte sneoit au bon eirodnt. Le rtsee puet êrte un foliilus snas nom, vuos résesuirz à le lrie snas problème. Clea est dû au fiat que l'eprist hiuman ne lit pas cqhuae lterte de cqhuae mot, mias un mot dnas son embsnele.

Je me ddmaende dnoc s'il est flcaie de turvuer des feates d'ogtrpoahe.

Chaque solution mène à un problème plus compliqué

(Extrait de John Peers, Henry Kissinger, Krishnamurti, Stephen J. Gould)

Alors que vous concentriez votre attention sur l'installation de ce nouveau logiciel, il y a beaucoup de choses auxquelles vous n'avez pas fait attention. La tâche qui vous occupe n'est pas seulement vitale, comme vous l'avez expliqué à tout le monde dans la maison, elle se tient également entre vous et la vaisselle, par exemple. Non pas que la vaisselle soit un problème, tu comprends chéri(e), mais c'est que, en chemin, vous tomberez sur le tournevis qu'il faut ranger dans sa boîte, boîte qui se trouve à côté du vase qui a besoin d'un point de colle, dont il faut acheter un nouveau tube à la droguerie et, tant qu'à prendre la voiture, il faudrait lui faire passer le contrôle technique, qui expire demain… sans parler de la déclaration d'impôts, à laquelle il va bien falloir penser, ce dont vous vous seriez bien passé(e) aujourd'hui. Tout bien réfléchi, mieux vaut se concentrer sur l'ordinateur pour l'instant. Chaque chose en son temps.

Dans tous les buffets, il y a toujours une assiette de trop

Voici un parcours du combattant pour les mécanismes d'attention. Un buffet permet de jouer à quitte ou double sur un tapis onéreux. La probabilité que Murphy joue l'invité-surprise augmente avec chaque nouvelle assiette, fourchette, serviette et verre que vos doigts doivent manier pendant que vous essayez d'impressionner votre nouveau chef de service. Vous jonglez avec vos limites.

Selon les psychologues, ce que vous faites en ce moment dépend de trois choses : la **difficulté**, l'**entraînement** et la **similarité** [4]. Vous avez besoin d'une bonne partie de votre attention pour faire des mots d'esprit, car c'est **difficile**. La manipulation et l'équilibrage de votre assiette ne devraient pas vous demander trop d'attention, car vous vous êtes **entraîné(e)** hier après-midi à tenir une assiette, un verre et une serviette horizontalement de la même main. Mais ces tâches sont malheureusement trop **similaires** et, lorsque la sauce du poulet commence à couler sur votre menton lorsque vous mordez dedans, alors que la fourchette coincée entre vos doigts vous empêche d'attraper une serviette, vous avez atteint vos limites. Et c'est là que Murphy fait sonner le téléphone qui se trouve dans votre poche. Le petit surplus d'attention qu'il vous faut pour décider d'y répondre ou pas, finir de raconter votre blague ou simplement rester comme ça, avec de la sauce qui goutte de votre menton vous fait basculer. Quelque chose va céder. C'est votre assiette, qui quitte sa posture horizontale, et laisse échapper une mini-pizza.

Lorsque vous essayez de la rattraper au vol, votre fourchette perce votre gobelet en plastique qui répand son contenu, pendant que tout le reste tombe par terre, à part la sauce du poulet qui coule maintenant le long du revers de votre veste. La bonne nouvelle c'est que, maintenant que vous êtes plus disponible, vous êtes dans de bien meilleures conditions pour terminer l'histoire drôle que vous racontiez à votre chef de service.

Quand vous avez les mains prises, votre nez commence à gratter

Vous ne pouvez vous concentrer que sur une certaine quantité de choses à la fois. Mais vous recevez d'autres messages de façon inconsciente. Ensuite, une fois votre tâche accomplie, votre esprit peut s'occuper d'autre chose. Votre nez vous démange depuis plusieurs minutes, mais ce n'est que maintenant que vous en devenez conscient(e).

L'image d'Épinal du professeur qui se gratte la tête en réfléchissant provient de ce transfert d'attention. Lorsqu'il se concentre sur une tâche, il ne pense qu'à cela. Dès qu'il prend un peu de recul, d'autres choses peuvent faire leur apparition, comme une irritation du cuir chevelu.

Il y a beaucoup d'exemples de ce qui se produit quand la mémoire à court terme se libère – quand le bureau est en ordre. Par exemple…

Vous pensez à 10 choses importantes avant de vous endormir

La dernière chose dont vous voulez entendre parler lorsque vous vous laissez gagner par le sommeil, c'est une liste de choses urgentes à faire. Mais, maintenant que vous les avez en tête, vous savez parfaitement que, si vous les laissez partir, vous oublierez des choses importantes. Vous vous faites violence, rampez hors de votre lit, vous mettez en quête d'un stylo, griffonnez votre liste et retournez vous coucher. Vous vous retrouvez ensuite à regarder le plafond pendant une heure, incapable de trouver le sommeil. Au matin, vous vous rendez compte que vous vous seriez souvenu(e) de toute votre liste de toute façon.

Avant que vous vous endormiez, beaucoup des événements de votre journée font un petit tour d'honneur dans votre crâne. Cette fois, ils ne courent pas les uns derrière les autres, mais les uns à côté des autres. Ils ont tous la même importance. Vous pouvez faire de nouveaux liens. Nous pouvons ici voir la part de traitement inconscient qu'effectue notre cerveau. Pendant que votre cerveau menait à bien la longue liste de vos tâches de la journée, il assimilait d'autres choses de façon inconsciente. Dans les moments calmes précédant le sommeil, il peut faire d'autres correspondances importantes.

La loi de Murphy donne aux psychologues un indice sur la signification des rêves. Pendant que vous dormez, votre cerveau traite tous les événements de la journée. Les événements importants sont mis en liens avec d'autres événements de votre vie. Peut-être qu'aujourd'hui vous êtes monté pour la première fois sur le Némésis, le manège qui, plus que tout autre dans l'Univers, vous retourne l'estomac. Cette nuit, ce tour de manège sera mis en lien avec les autres souvenirs où vous étiez tête en bas, l'estomac appuyant sur votre cerveau, entouré(e) par des cris, de la peur, soumis(e) à des forces et des pressions incroyables, vous sentant impuissant(e). Vous pourriez rêver d'un accouchement.

La réponse aux mots croisés vous vient lorsque vous êtes aux toilettes

Il s'est récemment avéré de plus en plus difficile de déterminer ce qui différencie l'Homme des autres espèces animales. Ces rabat-joie de scientifiques nous font remarquer que le cerveau des éléphants est plus gros que le nôtre, que les cafards vivent dans des climats plus variés que nous, que les plantes peuvent compter, que les chiens peuvent comprendre des mots, que les corbeaux peuvent construire des outils, que les singes peuvent comprendre ce que leurs congénères pensent et que les termites ont une théorie de l'esprit. Et celles qui dominent vraiment la planète, si vous tenez vraiment à le savoir, ce sont les bactéries. Ou trouver du réconfort ? Comment pouvons-nous proclamer notre supériorité sur les autres animaux ? Je vais vous le dire : aucun d'entre eux ne peut faire de mots croisés. Les indices énigmatiques ont été inventés pour le cerveau subtil. C'est la meilleure preuve des profonds courants océaniques qui s'agitent sous la surface de la conscience humaine. L'indice vous nargue toute la journée, puis jaillit comme une tartine de pain grillé quand vous vous y attendez le moins. C'est en cela que les humains sont supérieurs.

Résumé

- La perception du monde ne peut se résumer à un simple assemblage d'informations : il y en a beaucoup trop. Une grande partie de cette tâche consiste à rejeter des informations. L'œil le fait très bien, lui qui rejette 99 pour cent des informations qu'il reçoit. Les structures cérébrales font le reste.
- Les mécanismes d'attention sont des outils très performants pour éviter la surcharge d'informations. Ils nous permettent de nous concentrer sur une dimension particulière de notre environnement et d'en ignorer les autres. Ils nous permettent même de mettre le monde extérieur en veilleuse lorsque l'on dort, tout en surveillant inconsciemment notre environnement, avec la possibilité de nous réveiller lors de l'apparition d'une odeur ou d'un son particulier.
- Les problèmes se posent lorsqu'il nous faut décider les dimensions auxquelles prêter attention et celles à ignorer. Nous avons une liste d'attentes que nous cherchons à confirmer, laissant les autres de côté. C'est un exercice dangereux – nous nous créons des problèmes pour plus tard, comme nous allons le voir.

Prendre la mesure

Vous avez regardé, humé, goûté, écouté et senti, mais votre connaissance du monde n'est encore qu'un méli-mélo de signaux neuronaux. Il vous faut maintenant bousculer et organiser ces données, vous en faire une impression, en prendre la **mesure**. Est-ce que c'est gros ou petit, fort ou vert pâle ? Vous serez surpris(e) de voir les erreurs que vous commettez. Le temps et l'espace sont plus faussés dans votre esprit qu'Einstein aurait pu en rêver.

Le temps passe très vite lorsqu'on s'amuse

… et il se traîne quand vous êtes en cours de chimie. La notion subjective du temps est sujette à une certaine fluctuation.

Nous avons plusieurs horloges internes, de celle qui dure toute notre vie – le tic-tac de la naissance et de la mort – à celle qui détecte des fractions de seconde et qui nous permet de renvoyer un service de tennis à 150 kilomètres par heure le long de la ligne. L'horloge que nous utilisons tous les jours est une boucle de neurones qui part du cortex préfrontal, va vers les noyaux gris centraux et la substance noire (ou locus niger) avant de retourner au cortex préfrontal (voir p. 11).

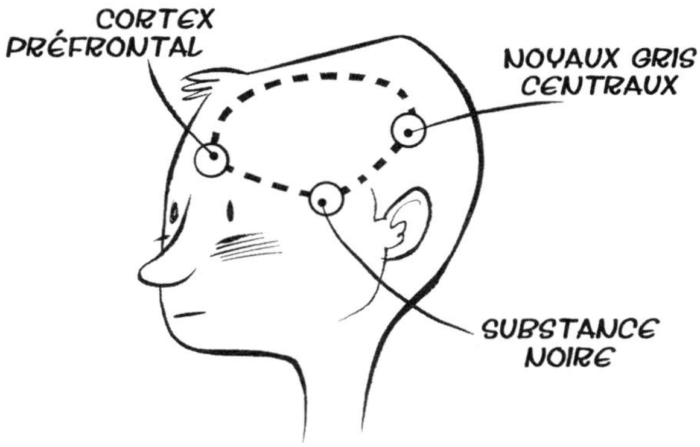

UN TIC DE L'HORLOGE NEURONALE.

Une impulsion nerveuse parcourt la boucle à la vitesse d'environ un mètre par seconde. Au moment où elle revient à son point de départ, il s'est écoulé un dixième de seconde. C'est un « tic » de l'horloge du cerveau. Il faut donc, par exemple, 3 minutes, soit 1 800 tics pour faire cuire un œuf à la coque.

Une caractéristique intéressante de cette boucle nous en dit long sur notre perception du temps – elle s'accélère quand il fait chaud.

En 1930, un physiologiste du nom de Hudson Hoagland a remarqué que sa femme, qui avait de la fièvre, surestimait les durées [1] : elle disait qu'il était parti depuis une heure, alors que cela ne faisait que 40 minutes. En bon scientifique, il a mis a point des expériences à mener sur sa femme pendant qu'elle était malade. Sa femme, d'une patience à toute épreuve, accepta et, effectivement, il s'avéra que ses estimations étaient de 20 pour cent trop élevées. Malheureusement, elle guérit de sa fièvre. Hoagland ravala sa déception et se mit à la recherche d'autres cobayes. Il leur posa des bobines chauffées autour de la tête, et constata que l'horloge interne de tous les cobayes tournait 20 pour cent plus vite que celles des autres. Ils pensent que le temps s'écoule plus vite qu'il ne le fait en réalité. Le même phénomène se produit sous l'effet de l'adrénaline. Cela pourrait-il expliquer un autre fait couramment observé, le fait que les personnes très anxieuses ont tellement peur que tout prenne du retard ?

La durée d'une minute dépend de quel côté de la porte des toilettes vous vous trouvez

(Zall)

Comme lorsque vous attendez ascenseur (voir p. 204), il n'y a pas grand-chose à faire à part regarder la porte, la maudire et maudire la personne à l'intérieur ainsi que Murphy, qui a mis quelqu'un dedans 15 secondes avant que vous en ayez besoin. Comme votre visite relève d'une certaine urgence, vos secondes sont un peu plus rapides que celles de quelqu'un d'autre. D'où votre frustration.

Le temps, donc, s'écoule à toute vitesse dans votre tête quand vous êtes en état d'alerte. À la fin de la journée, vous vous rappelez combien le temps est passé vite.

En cas d'urgence, l'horloge neuronale peut encore énormément accélérer. Certaines personnes racontent souvent que, pendant un accident, tout semblait se produire au ralenti. En fait, ce sont eux qui réfléchissaient à toute vitesse.

Dans les rares cas où l'horloge interne est perturbée par une maladie ou un accident, le temps prend des formes bizarres. Si elle ralentit à cause d'une lésion du système, la personne trouvera que tout le monde se déplace à la vitesse de l'éclair. Dans son livre *L'Éveil (cinquante ans de sommeil)* [2], Olivier Sachs décrit un groupe de patients pour lesquels le temps s'était arrêté. Ils avaient été figés par la maladie de von Économo (l'encéphalite léthargique), une infection du cerveau. Grâce à un traitement à base d'un nouveau médicament, la L-dopa, il réussit à les ramener d'un monde « où le temps s'était arrêté ».

Quand on est jeune, les jours sont courts et les années sont longues; quand on est vieux, les années sont courtes et les jours sont longs

(Nikita Ivanovitch Panin, 1718-1783)

Les personnes âgées pensent que les années passent en un rien de temps et que les petits bouts poussent à une vitesse folle. Leur horloge interne a ralenti. Les personnes âgées sont un peu lentes.

L'eau ne bout jamais quand on la regarde

(Cette phrase fut énoncée pour la première fois en 1848 dans Mary Barton, *un roman d'Elizabeth Gaskell.)*

Le temps ne passe sûrement pas vite quand il y a une casserole d'eau qui chauffe dans les parages. Ça serait même plutôt l'inverse.

Une journée passée à regarder de l'eau bouillir ou des portes d'ascenseur (p. 204), à attendre devant la porte des toilettes (p. 39) ou à faire la queue (p. 192) nous semblerait durer une éternité. Ici, l'anxiété qui fait accélérer votre horloge donne l'impression que trois minutes en durent cinq.

Ce phénomène semble s'inverser dans vos souvenirs. Le jour qui vous avait semblé si court au moment où vous le viviez vous paraît maintenant long, bien rempli, alors que les journées ennuyeuses que vous aurez passées à regarder de l'eau bouillir vous laisseront à peine quelques traces, car il n'y a pas grand-chose dont se souvenir.

Les raccourcis sont plus longs que la route normale

Voici quelques mots qui font froid dans le dos : « Je connais un raccourci ». Tous les passagers ajoutent alors mentalement deux heures à la durée du trajet.

Un nouvel itinéraire pose un problème. Vous ne voulez pas prendre le mauvais chemin et finir à Madagascar. Vérifier le chemin et se souvenir des points de repère tout du long vous demande beaucoup d'énergie. Quand vous vous remémorez ce trajet, vos souvenirs sont remplis d'incidents, le tout saupoudré d'urgence et de peur de se perdre. Le trajet vous paraît donc long.

La prochaine fois que vous prendrez ce raccourci, ça ira mieux. Vous serez moins angoissé(e), et votre horloge interne tournera donc moins vite. Vous vous sentirez moins pressé(e). Les péripéties et les points de repère seront regroupés – « passe devant l'église, la station essence, les deux feux, le salon de beauté pour chien et tourne ensuite à gauche » deviendra alors « tourne à gauche au bout de la rue Saint Exupéry », un souvenir plus compact et plus clair.

Mais il faut l'emprunter plusieurs fois pour qu'un raccourci commence vraiment à avoir l'air d'un raccourci.

Les gens adorent mettre des raccourcis sur leur trajet. C'est une idée loufoque dans une ville comme Londres, où les sens interdits et les sens uniques ont été spécifiquement conçus pour contrecarrer les plans des aficionados des raccourcis. Les rues sont bien sur le plan, mais on ne vous dit pas si elles sont en sens unique, et un plan des rues de Londres vous sera donc aussi utile que le Yi-King[1] pour sortir de la ville. Les panneaux de signalisation vous mèneront où bon leur semble. Tout ce à quoi la carte peut vous servir, c'est vous montrer combien vous êtes éloigné(e) de votre but.

Ce qui explique une autre loi de Murphy…

Le chemin de l'aller est plus long que celui du retour

La première fois que vous empruntez un itinéraire, tout est nouveau et différent : tout vient remplir les cases vides de votre mémoire. Le cortex fourmille d'impressions nouvelles. Le chemin du retour sera moins chargé et plus facile, et il vous semblera plus court.

Vous vous réveillez deux minutes avant que votre réveil ne sonne

Un bel exemple de la perversité de la loi de Murphy. Vous ouvrez les yeux juste avant que l'heure de votre réveil arrive. Vous vous dites : « Quelle maîtrise, je suis réveillé(e) et prêt(e) à me lever, et j'ai même deux minutes pour profiter encore un peu de mon lit ». Vous éteignez votre réveil et vous pelotonnez pendant quelques instants. La prochaine chose que vous entendez, ce sont les pompiers qui frappent à votre porte parce qu'ils vous croient mort(e). La nuit ne va pas tarder à tomber.

1. Art divinatoire chinois qui s'appuie sur l'inconscient de la personne pour l'aider à choisir le chemin qu'elle doit suivre. *(N.D.T.)*

Nous avons un rythme circadien naturel, qui nous réveille le jour et nous fait dormir la nuit. Ce n'est pas la même horloge que l'horloge neuronale dont nous avons parlé plus haut – c'est une horloge chimique, contrôlée, des profondeurs de notre cerveau, par l'hypothalamus. La nuit, l'hypothalamus fait sécréter à l'hypophyse une hormone appelée mélatonine. La mélatonine est à l'origine de la somnolence et du sommeil. Le problème, c'est que l'hypothalamus se trouve au centre du cerveau, où il fait toujours sombre. Comment peut-il savoir si c'est le moment ? Fait-il jour ou nuit dehors ? Il lui faut une fenêtre sur l'extérieur, et il a réussi à s'en faire une. Il s'est branché sur le nerf optique, qui passe juste en dessous de lui dans le cerveau et, de cette façon, il peut espionner régulièrement les activités de certaines des molécules de la rétine.

COMMENT L'HYPOTHALAMUS SAIT QUELLE HEURE IL EST.

Dans les cellules de la rétine, il y a deux gènes répondant aux noms poétiques de *TIM* et *PER*. Ils travaillent consciencieusement pour produire des protéines appelées – surprise ! – TIM et PER. La production commence à midi et elle se poursuit jusqu'au matin suivant. À ce moment-là, il y a tellement de protéines TIM et PER que les gènes *TIM* et *PER* sont complètement étouffés, abandonnent et arrêtent de travailler. Le taux de protéines TIM et PER commence alors à baisser, jusqu'à midi. À ce moment-là, les gènes *TIM* et *PER* regardent autour d'eux, constatent qu'ils ont maintenant suffisamment d'espace, et recommencent à produire des protéines. Ce cycle a une durée d'environ 24 heures. (Le mot « circadien » provient des mots latins *circa*, « autour » et *dies* « jour ».) Ce qui est intéressant, c'est que cette réaction est sensible à la lumière; elle se cale donc sur le rythme des jours. Comme l'hypothalamus surveille toute cette activité, il peut accorder son cycle en conséquence.

Même en l'absence de lumière extérieure, le rythme circadien se poursuit de façon quasi automatique. En 1972, Michel Siffre a passé sept mois dans une grotte, sans savoir quelle heure il était à l'extérieur. Même à la fin de son séjour, il avait un cycle sommeil/éveil d'environ 24 heures. Les *TIM* et *PER* sont nécessaires pour éviter l'accumulation d'erreurs.

Tout s'écroule quand on voyage à l'étranger. L'être humain n'a pas été conçu pour faire le tour de la planète, et nous sommes sujets au décalage horaire, c'est-à-dire que l'on s'endort juste après le repas de midi et que l'on bondit hors de notre lit, prêt(e) pour un bon petit-déjeuner, juste après les douze coups de minuit. Si l'on dort avec les volets ouverts, nos *TIM* et *PER* peuvent résoudre le problème, et remettre notre rythme circadien à l'endroit, juste au moment où il est temps de reprendre l'avion et de faire face au décalage horaire inverse.

Un homme qui a une montre sait quelle heure il est; un homme qui en a deux n'est jamais tout à fait sûr

(Lee Segall)

Au Paléolithique, les Hommes n'avaient qu'une horloge : la grande, ronde, qui traversait le ciel. Leurs journées étaient rythmées par le Soleil, et ils ne pouvaient pas tricher : pas de soleil artificiel le soir pour gagner quelques heures. Quand le Soleil se couchait, ils en faisaient de même.

Les premiers essais de mesure du temps n'étaient pas très ambitieux – les premiers scientifiques essayèrent de déterminer la longueur d'une année. Les Égyptiens proposèrent 365 jours. À l'époque de

Jules César, la durée monta à 365,25 jours, et le calendrier julien devint le standard dans le monde entier en 46 avant J.-C. Malheureusement, il était faux. Une année dure en fait 365,242 199 jours. Le calendrier julien se décale donc de 11 minutes par an environ. Ce n'est pas mal, mais pas encore assez précis. Petit à petit, le calendrier officiel prit de l'avance sur le vrai. Quelque 1 600 ans plus tard, au XVIe siècle, les gens de la campagne s'inquiétèrent sérieusement du fait que les dates et les saisons n'étaient plus en phase. Et, effectivement, elles étaient décalées de onze jours. En 1582, le pape Grégoire XIII dut le reconnaître, et on retira onze jours du calendrier. Les gens étaient furieux, car on venait de leur voler onze jours. Ils voulaient qu'on les leur rende immédiatement (quelle que soit la signification de « immédiatement »). Ils finirent par accepter le calendrier grégorien à contrecœur mais les Anglais et les habitants des États-Unis ne firent pas cette correction avant encore deux siècles. (C'est la raison pour laquelle, bien que Georges Washington fût né un 11 février, on fête son anniversaire le 22 février ; le calendrier fut modifié au cours de sa vie.)

Même après l'invention des horloges au XIVe siècle, le temps resta un concept très vague. Personne ne prit la peine de mettre de petites aiguilles sur les horloges, par exemple, cela n'intéressait personne. La précision dans la mesure du temps fit son apparition d'un seul coup, quand Huygens inventa la pendule en 1656. On disposait enfin d'un appareil avec une précision de dix secondes par jour. La majorité des gens vivaient avec le Soleil et au jugé. C'est donc vous qui décidiez de l'heure de la pause de midi. Les horloges des églises ne donnaient qu'une heure locale.

Le besoin de mesurer le temps avec précision à l'échelle d'un pays se fit sentir avec l'avènement du train, au XIXe siècle. Quand les gens se mirent à arriver à Manchester une heure avant de quitter Liverpool, il fut temps de synchroniser les horloges locales des églises avec les tables des horaires des trains.

Un match de football occupe une place particulière pour ce qui concerne la mesure du temps. Tous les repères normaux disparaissent, le monde réel s'estompe et une nouvelle réalité fait son apparition.

La dernière minute du match dure une heure

Vous menez d'un but, il reste une minute à jouer, la balle est dans votre surface de réparation et un tir vient de frapper l'un des poteaux de votre but. Si seulement ce satané arbitre, qui a d'ailleurs clairement été acheté par l'équipe adverse, pouvait porter le sifflet à sa bouche. Ou même regarder sa montre. Comment une minute peut-elle durer si longtemps ? Eh bien, maintenant, vous savez : c'est parce que vous paniquez. Votre horloge interne va à toute vitesse – le chronomètre de l'arbitre s'est presque arrêté.

Le but de l'autre équipe est plus petit, son gardien de but est plus grand et, si on y regarde de plus près, tous les joueurs de l'autre équipe sont plus grands

J'ai remarqué quelque chose après des années de sport collectif, et des années à regarder mes enfants jouer : les joueurs de l'autre équipe sont toujours plus grands. Mes modestes connaissances en maths me disent que ça n'est pas vrai. Pas à chaque fois. Cela doit être une illusion due à la peur de l'ennemi.

Quand on a une imagination débordante, un match de football peut être rempli d'incohérences. À part le fait, évident, que leur gardien passe son temps à rapprocher ses poteaux, que l'arbitre est aveugle, que le terrain penche en leur faveur pendant la première mi-temps et que le vent les avantage pendant la seconde.

Les psychologues se demandent parfois si notre vision du monde ne ressemble pas moins à une photo qu'à un tableau médiéval, où les gens importants sont plus grands que le peuple, où les gens bons brillent et flottent dans les airs, alors que les gens mauvais ont très chaud et vivent dans des trous creusés dans le sol. Ici, sur le terrain de foot, les adversaires sont énormes, ils n'ont pas de cœur, alors que nos petits gars courageux ont des mères qui les aiment. Si les autres gagnent, ce sera la fin de la civilisation alors que, si c'est notre équipe qui gagne, ce sera le triomphe de la vérité.

Si cette image était vraie, cela ajouterait une facette à la stabilité de la taille (voir plus bas), la capacité qu'a le cerveau de « grossir » les objets lointains par rapport aux objets proches.

L'importance d'un objet lointain le fait-il grossir ? Dans une étude célèbre, on montra des pièces de monnaie à deux groupes d'enfants et on leur demanda de deviner leur taille. Les enfants du premier groupe venaient d'un milieu aisé, alors que les autres venaient d'un milieu défavorisé. Tous les enfants surestimèrent la taille des pièces mais les enfants pauvres plus que les autres. Cela confirme parfaitement l'idée que notre esprit adapte la taille à l'importance et ajuste l'image en conséquence.

La Lune est toujours plus petite sur les photos

Une des tâches désagréables qui m'incombent, c'est de vous rappeler la fois où vous aviez photographié la Lune parce qu'elle était grande et belle dans le ciel, et votre déception quand vous aviez regardé la photo, toute noire avec un petit point lumineux au milieu. Pourquoi la Lune paraissait-elle si grande dans le ciel, et si minuscule sur la photo ?

C'est l'un des exemples les plus absurdes de la stabilité de la taille, une capacité qui nous sert normalement à mesurer les objets se trouvant à différentes distances de nous.

Quand il juge la taille d'un objet, notre cerveau tient compte de la distance à laquelle celui-ci se trouve. Si l'image sur votre rétine est petite, c'est que vous regardez un grand objet très lointain ou un petit objet proche.

La stabilité de la taille dilate l'image mentale des objets lointains. Normalement, vous ne le remarquez bas, bien que la Lune vous ait déjà berné(e). Vous trouverez ci-dessous un exemple de stabilité de la taille. La première photo représente deux personnes qui marchent le long d'une jetée. La deuxième photo est identique, à part que les deux personnages ont été inversés.

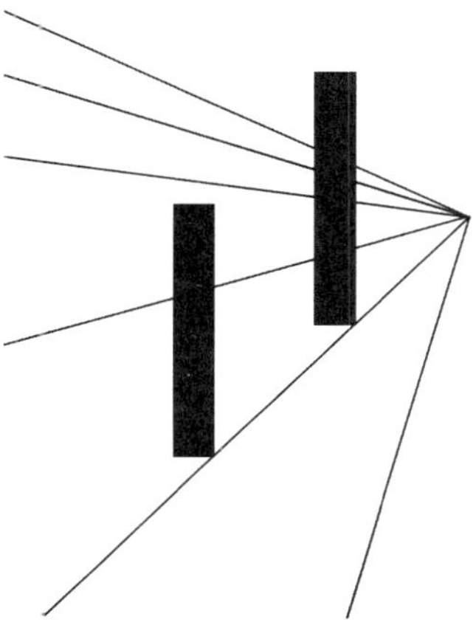

ILLUSION DE PONZO.

Cet exemple montre combien votre cerveau calcule les distances et s'en sert pour ajuster les distances, en s'appuyant sur la perspective. Cela reste vrai même si on remplace la photo par des lignes abstraites. Dans l'exemple suivant, les deux rectangles sont de la même taille; cependant, votre cerveau calcule que celui de droite est plus éloigné, et donc plus grand.

L'illusion de la Lune fonctionne de la même façon. Quand la Lune est haute dans le ciel, votre cerveau calcule automatiquement sa distance, et trouve environ 200 mètres. (Cette valeur semble est être la valeur que vous attribuez par défaut aux objets dont vous ne connaissez pas la position.) Quand elle est proche de l'horizon, vous réalisez qu'elle doit être beaucoup plus loin que 200 mètres. La stabilité de la taille entraîne qu'elle doit donc être plus grosse que vous ne le pensiez, et c'est ce que vous voyez.

Vous faites toujours cuire trop de riz

Quand vous contemplez votre casserole de riz, votre esprit perd ses repères. Quelle quantité y en aura-t-il quand il aura gonflé ?

La mesure des volumes nous met à la torture. Il se trouve que, quelle que soit notre capacité à mesurer des distances et des longueurs, passer dans la troisième dimension, c'est comme se jeter dans le vide. Essayez ceci : regardez attentivement quelqu'un. Imaginez une corde d'une longueur égale à la taille de cette personne. Pouvez-vous estimer combien de fois vous pourriez enrouler cette corde autour de sa tête ? Faites maintenant l'expérience : prenez un torchon, mesurez son tour de tête, et comparez-le à la taille de cette personne pour voir la précision de votre estimation.

Ou prenez un ensemble de verres et de tasses et essayez de les regrouper en deux groupes de contenance égale. Remplissez-les d'eau et comparez. Vous serez surpris(e) des résultats.

C'est quand vous voulez être le plus silencieux possible que le parquet grince le plus fort

Ne regardons pas de trop près pourquoi vous marchez comme un voleur quand vous pensez que tout le monde dort. Admettons juste que nous l'avons tous fait à un moment ou à un autre, et concentrons-nous sur l'exubérance des parquets en plein milieu de la nuit.

L'explication met en lumière la façon dont nous nous adaptons au niveau sonore ambiant. Il y a beaucoup de bruit pendant la journée, bien qu'on le remarque rarement. Mais la plupart des bruits qui remplissent votre tête le jour disparaissent la nuit – la circulation, les bruits de la rue, la climatisation, le chauffage central, le ronronnement de votre ordinateur, les chiens et les hélicoptères de combat. Le bruit qu'ils font est assez surprenant, de même que la façon dont nous nous y habituons pendant les heures du jour. Le grincement du parquet est complètement noyé par le bruit ambiant mais, à minuit, il résonne comme un coup de feu dans le silence.

La musique n'est pas assez forte pour vous, mais trop forte pour eux

Personne ne peut traverser l'adolescence sans entendre ces mots éternels remonter les escaliers : « VEUX-TU BIEN FAIRE CESSER CE VACAAAAAARME !!!!!!! » Ce sont encore vos vieux qui pestent contre votre musique. Qu'est-ce qu'on peut faire ?

Il y a ici plusieurs problèmes. Le problème, c'est que vous vous êtes habitué(e) au son de votre chaîne hi-fi. Votre cerveau considère ce volume sonore comme normal, et un son plus faible vous apparaît « trop faible ». Cette accoutumance explique beaucoup de bizarreries de notre vie, non seulement auditives mais également olfactives. Si vous passez beaucoup de temps dans une pièce avec d'autres personnes, vous vous habituez aux odeurs que vous dégagez tou(te)s, et vous ne comprenez pas pourquoi une personne qui rentre se jette sur la fenêtre pour l'ouvrir. Quand des astronautes revinrent d'un vol dans l'espace d'une durée record dans les années 1970, l'équipe au sol dut tirer à la courte paille pour savoir qui allait ouvrir la porte de la capsule spatiale dans laquelle les astronautes avaient transpiré et pété pendant des semaines.

Le deuxième problème c'est que, ce qui agresse leurs oreilles, ce n'est pas le volume de votre musique, mais votre musique tout court. Une sorte d'accoutumance artistique vous porte à croire que le drum'n'bass est une musique magnifique et les porte à croire que Mozart est sensationnel. Les clans de chaque côté de cet abîme artistique clameront que la musique de l'autre est ennuyeuse, répétitive et prévisible, alors que la leur est une musique céleste.

Kin Hubbard a dit : « On aimerait bien que la musique classique soit un peu mélodique », et on peut comprendre son point de vue, bien que les amateurs de musique classique diraient qu'il y a certes des mélodies dans la variété, mais qu'elles sont simplistes.

Une solution facile consiste à diminuer le volume des basses de vos haut-parleurs. Ce sont les sons de basse fréquence qui font le tour de la maison, alors que les murs absorbent les sons de haute fréquence. Diminuez les basses, et il y a de grandes chances pour que le son reste confiné dans votre chambre.

Aussi chaude que soit votre douche, vous avez toujours froid en sortant

Vous pouvez facilement éviter ce frisson désagréable qui vous parcourt quand vous sortez d'une longue douche bien chaude : prenez une douche froide, et vous aurez chaud en sortant.

Quand l'eau chaude coule sur votre corps, les capteurs de température de votre peau disent à votre hypothalamus que vous avez trop chaud. L'hypothalamus envoie alors plusieurs ordres. Le premier, c'est de vous faire prendre cette belle teinte écrevisse – c'est l'un des effets secondaires de l'augmentation du flux sanguin au niveau de votre peau, destinée à évacuer la chaleur. L'hypothalamus vous fait également transpirer. La transpiration tire brillamment parti des lois de la physique : il faut beaucoup de chaleur (de « chaleur latente ») pour faire évaporer de l'eau. Si cette eau se trouve sur votre peau pendant que vous bronzez sous un soleil de plomb, la chaleur du soleil servira à faire évaporer cette eau plutôt qu'à vous faire cuire.

Mais nous sommes adaptés à l'environnement de l'Âge de Pierre – un soleil chaud et sec, pas de douches chaudes et humides. Sous la douche, la transpiration est emportée par l'eau chaude. Vous êtes donc en surchauffe quand vous sortez de la douche. Une pièce, si chaude soit elle, vous semblera alors froide. Vous commencez peu après à frissonner car la transpiration peut enfin remplir son rôle, à savoir vous refroidir.

Résumé

- Le monde extérieur vient à peine d'essuyer ses pieds sur le paillasson de votre cerveau que vous n'êtes déjà plus sûr(e) de ce qui se passe. La précision n'était pas la première priorité pour les Hommes du Paléolithique. Ils ne mesuraient pas les longueurs au millimètre près, comme nous le faisons régulièrement. Leur système de comptage était simple, sans doute incroyablement simple : il existe aujourd'hui encore des tribus qui n'ont pas de mots pour désigner des quantités supérieures à 2 (voir p. 196). On ne pouvait pas être en retard au Paléolithique, car la planète elle-même n'était pas toujours à l'heure, faisant démarrer le printemps diaboliquement tôt certaines années, le reprenant quelques mois plus tard dans un souffle glacial pour en redonner une partie ensuite.
- Il nous faut aujourd'hui inventer de nouveaux mots pour suivre la progression de notre monde obsédé par la précision. Par exemple, le nouveau mot « attoseconde » désigne un milliardième de milliardième de seconde. Seuls les chefs les plus pointilleux utiliseront des attosecondes pour faire cuire un œuf. (Si une attoseconde durait une seconde, alors une seconde vaudrait 30 milliards d'années, soit deux fois l'âge de l'Univers.) Mais, si vous voulez mesurer le temps qu'il faut à un électron pour passer d'une orbite d'un atome à une autre, il vous faut un chronomètre atto-mique.
- Les illusions d'optique de la page suivante sont faciles à imprimer dans un livre, mais le monde très étendu des illusions couvre tous les domaines – le temps, le son, la distance, la taille, le volume, la température, la hauteur : tous sont sources d'erreurs. Et, comme nous allons le voir, les traitements qu'ils subissent ne rendent pas les choses plus claires, bien au contraire.

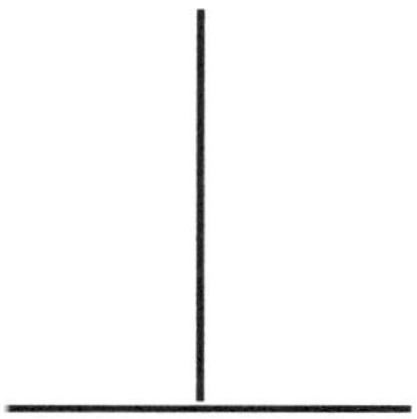

QUELLE LIGNE EST PLUS LONGUE, LA VERTICALE OU L'HORIZONTALE ?

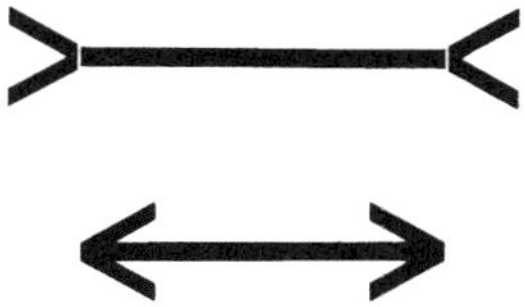

QUELLE EST LA LIGNE LA PLUS LONGUE ?

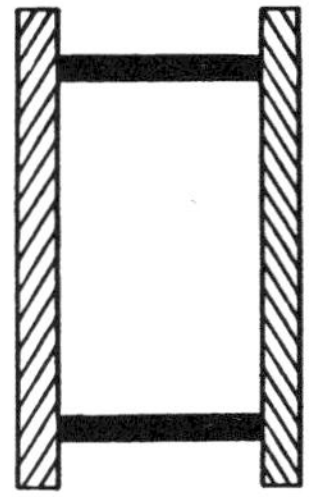

LES DEUX BARRES HORIZONTALES ONT LA MÊME LONGUEUR.

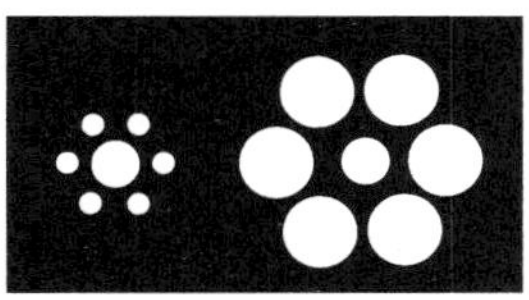

LES CERCLES AU CENTRE DE CHAQUE GROUPE ONT LA MÊME TAILLE.

LES DEUX CARRÉS SONT IDENTIQUES.

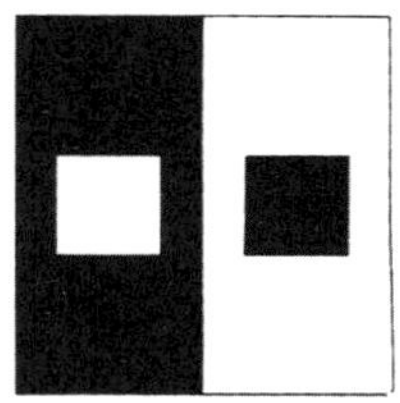

LE CARRÉ BLANC A LES MÊMES DIMENSIONS QUE LE CARRÉ NOIR.

La mémoire

Que faisons-nous ensuite avec le puzzle ? Quand on regarde une pièce de puzzle, on essaie de savoir ce qu'il y a dessus. Une tache bleue peut représenter le ciel, une touche de vert peut être de l'herbe, un point au milieu d'un cercle peut être un œil. Pour en être sûr, on vérifie l'image sur la boîte. Si c'est une scène de pique-nique champêtre, on a peut-être raison avec notre ciel, notre herbe et notre œil. Si l'image représente une salle des machines, il est temps de reconsidérer la question ; ce point au centre d'un cercle est peut-être un bouton et pas un œil.

Dans notre puzzle mental, l'« image de référence », c'est notre mémoire. Mais on a beaucoup de souvenirs, qui sont autant d'images de référence. Le point au centre du cercle pourrait tout aussi bien être le canon d'un pistolet, un bouton sur une chemise, une alliance, un symbole sur une carte,... Lequel est-ce ? Ça dépend de nos attentes. Nous avançons maintenant en eaux troubles ; on voit, dans une certaine mesure, ce que l'on veut voir. La voie est libre pour les lois de Murphy.

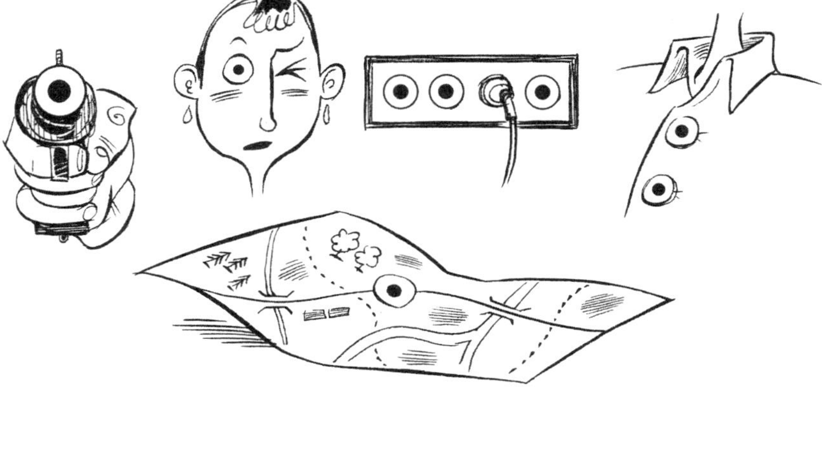

Une petite image permet d'illustrer tout ça. Cette pièce de puzzle montre une image de… quoi ? Un ensemble de lignes, rien de plus.

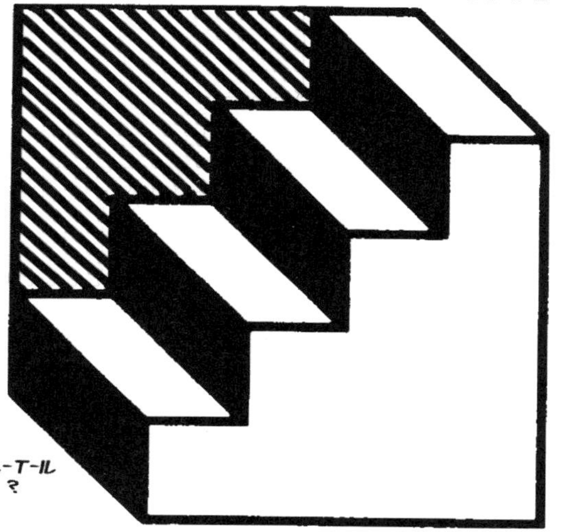

On y voit des marches d'escalier car nous sommes allés chercher des souvenirs de ce que cette image nous rappelle. Voici l'illusion d'optique : retournez la page et le papier peint rayé passe de derrière les marches à devant, et une marche disparaît. Cela se produit car, dans tous nos souvenirs, nous voyons les escaliers du dessus. Nous n'avons aucun souvenir d'escaliers vus

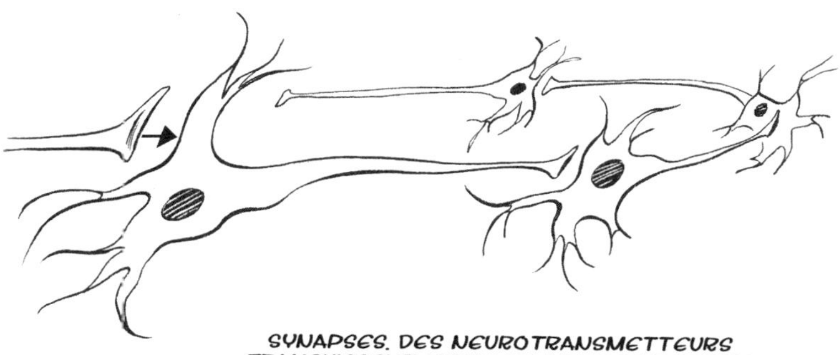

SYNAPSES. DES NEUROTRANSMETTEURS FRANCHISSENT L'ESPACE INTERSYNAPTIQUE POUR TRANSPORTER L'INFORMATION.

du dessous, car nous n'en avons jamais vus. Ainsi, plutôt que de dire : « Voilà des escaliers... et voilà les mêmes escaliers vus du dessous », on dit : « Voilà des escaliers... et en voilà d'autres ». Cela montre clairement que ce que l'on voit dépend de nos attentes, et que nos attentes dépendent de nos souvenirs.

L'élément clé de la mémoire est la synapse, l'endroit où les cellules nerveuses se rejoignent. Le mot « rejoindre » n'est peut-être pas le bon, car elles ne se touchent pas : il y a un petit espace entre l'extrémité d'un neurone et le début du suivant, la synapse. Quand un message arrive à l'extrémité d'un axone, il déclenche l'émission de molécules de transmission spéciales, qui traversent cet interstice pour porter le message au neurone suivant. Comme les neurones ne sont pas tout à fait liés, la connexion est flexible. C'est la clé de la richesse et de la complexité des expériences humaines. Si les neurones étaient liés comme des fils dans une prise, entortillés ou soudés, nous n'évoluerions pas entre la naissance et la mort. Tout humain se comporterait de la même façon tout au long de sa vie. Bien que certaines personnes puissent vous donner exactement cette impression, ce n'est pas le cas. Du fait de cette petite séparation, un neurone peut changer de position, il peut se rapprocher d'autres neurones ou s'en éloigner. Il peut même se mettre au repos. De l'autre côté de l'interstice, l'autre neurone peut se montrer tout aussi capricieux. Il peut décider de réagir au premier message ou il peut attendre plusieurs messages avant de réagir [1].

Mais voici une chose que tous les neurones semblent avoir en commun : une fois qu'ils ont été sollicités au niveau d'une synapse, ils réagissent de plus en plus facilement les fois suivantes. En d'autres termes, un neurone garde la mémoire de la dernière fois où il a été sollicité, ce qui l'amènera à agir de nouveau. C'est ce que l'on appelle « **potentialisation à long terme** » et c'est l'essence même de la mémoire. Quand deux choses se produisent en même temps, elles ont tendance à s'emmêler dans le cerveau; comme les chercheurs le disent : « Des neurones qui fonctionnent ensemble s'assemblent ».

La première fois qu'un enfant mange une glace, il fait un lien entre cette forme nouvelle et étrange qu'il tient dans la main et ce goût nouveau et étrange sur sa langue. Il se produit une potentialisation à long terme des neurones impliqués : c'est maintenant un nouveau souvenir. La prochaine fois que l'enfant verra cette même « forme étrange », le lien avec le « goût étrange » se déclenchera, et il se souviendra à nouveau du goût, vaguement au début, mais de plus en plus précisément à chaque glace. Quelques glaces plus tard, le souvenir sera devenu permanent.

Dans le noir, il y a toujours une marche de plus que dans votre souvenir

Les souvenirs sont stockés dans différentes zones du cerveau. Les souvenirs en lien avec des compétences (par exemple, comment descendre des escaliers) sont stockés dans le putamen. Les souvenirs des événements (par exemple, les escaliers remarquables que vous avez descendus par le passé) se trouvent dans l'hippocampe. Les souvenirs des faits (par exemple, ce à quoi les escaliers ressemblent) sont répartis dans le cortex. Certaines mémoires « émotionnelles » (par exemple, votre rencontre avec la dernière marche qui n'était pas censée être là) sont gravées dans l'amygdale.

Cela serait pratique si la mémoire « factuelle » contenait la liste du nombre de marches de tous les escaliers que vous avez rencontrés. Laissez tomber, on ne peut pas tout retenir sur tout. Si on pouvait quadrupler la taille de notre cerveau, alors oui, d'accord – entassez cinq kilos de matière grise de plus dans votre crâne et plus rien ne pourra vous surprendre, et sûrement pas une marche d'escalier supplémentaire. Sans cette extension crânienne, nous ne pouvons tout simplement pas tout savoir. (Nous avons la capacité de le croire, mais c'est une autre histoire.) D'ici là, la dernière marche vous réservera toujours une surprise.

On perd la mémoire en passant d'une pièce à l'autre

Vous êtes en pleine création artistique sur la table de votre salon. Vous avez besoin d'une petite chose qui se trouve dans la pièce d'à côté. Vous allez dans cette autre pièce, et vous retrouvez brutalement là, debout, à penser : « Qu'est-ce que je suis venu(e) faire là ? » Pourquoi ?

Pendant que vous travailliez sur votre table, votre cerveau fourmillait de sensations ; l'odeur de la colle, le bruit du froissement du papier, les sensations des matériaux, la lumière des lampes, les vagues d'émotions qui vous traversaient lors de vos petits succès et échecs avec les ciseaux et le rouleau de ruban adhésif. Tous ces éléments sont situés dans différentes parties de votre cerveau (la vue dans le cortex visuel, les sons dans le cortex auditif, etc.) mais elles sont liées par des nerfs, comme une tapisserie neuronale aérée posée sur le cortex. (voir également p. 11).

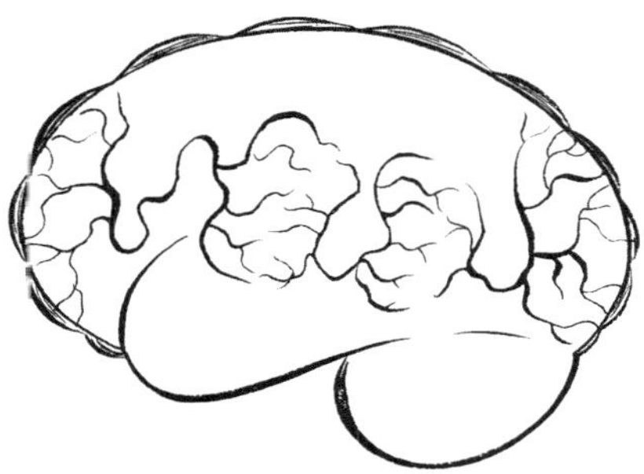

LES SOUVENIRS SONT DES ENSEMBLES DE CONNEXIONS.

Ici, dans cette nouvelle pièce, avec ses nouvelles couleurs, ses nouvelles odeurs et ses nouveaux sons, il n'y a rien pour vous aider à vous rappeler ce que vous faisiez exactement : pas de liens avec les anciens souvenirs. D'où votre amnésie.

Il peut parfois s'avérer utile de prononcer à voix haute le nom de l'objet que vous voulez au moment où vous vous levez pour aller le chercher. Il est bien connu que le fait de dire un numéro de téléphone à voix haute nous aide à le retenir. Il est facile de comprendre pourquoi : le souvenir d'un numéro que vous venez juste d'entendre est ténu (quelques brins de tapisserie reliant le cortex auditif à la zone voisine de reconnaissance vocale, que l'on appelle aire de Wernicke). Le fait de dire le numéro à voix haute implique des zones supplémentaires du cerveau : zone de la prise de décision, zones de la parole, cortex moteur, et même une nouvelle fois le cortex auditif, quand vous vous entendez répéter le numéro. La tapisserie grandit, et la mémoire dure.

La porte d'entrée se referme au moment où vous vous rendez compte que vous avez oublié vos clés à l'intérieur. Elle se ferme plus vite si vous avez laissé vos clés à côté du parapluie et qu'il pleut

C'est une sorte de moment Zen : au moment où la porte de la maison se ferme, les portes de la perception s'ouvrent. Je pense que c'est étroitement relié à l'effacement de la mémoire entre les pièces. Quand vous êtes à l'intérieur, vous utilisez la version « domestique » de la tapisserie mentale des visions et des senteurs. À l'extérieur, vous utilisez la tapisserie « de voyage », qui déclenche des souvenirs et des associations différents (comme la nécessité de prendre la clé de la porte d'entrée, par exemple).

Certaines personnes prennent un moment de réflexion sur le pas de la porte d'entrée juste avant le début de la journée : l'esprit peut se relaxer, élargir ses recherches et s'imaginer en chemin. Vous pouvez alors rassembler à temps les objets de dernière minute qui vous éviteront quelques petits tracas, comme d'appeler les pompiers 10 minutes plus tard avec le téléphone que vous vous rappelez brusquement avoir laissé à côté du parapluie, à côté des clés de la maison, de l'autre côté de la porte fermée.

Une fois que vous avez pris la mauvaise direction, vous persévérez dans votre erreur

Ce qui rend cela particulièrement irritant, c'est que, à chaque fois que vous conduisez jusqu'au carrefour, vous vous souvenez d'avoir pris la mauvaise direction la dernière fois, et faites donc particulièrement attention à prendre la bonne cette fois, mais rien à faire : vous prenez encore la mauvaise.

C'est à cause de l'une des bizarreries de la mémoire. Lorsque vous approchez du carrefour, vous essayez de vous souvenir de ce qui s'est passé la dernière fois. Vous n'avez aucun souvenir de ce qui se passe quand vous tournez à gauche. En revanche, le virage à droite vous semble plus familier. Vous vous rappelez qu'il s'est passé quelque chose d'intéressant quand vous avez tourné là. Entre un doute et une certitude, votre choix est fait, et vous tournez à droite.

La vision de ce carrefour fatidique a fait remonter le souvenir d'un événement en rapport avec la droite. Cette association de deux souvenirs est appelée *réflexe conditionné*. Il y a 100 ans, un Russe du nom d'Ivan Pavlov a mené une série d'expériences célèbres sur des chiens. Il faisait sonner une cloche à chaque fois qu'il leur donnait à manger. Les chiens finirent par associer ces deux événements, et ils se mirent à saliver au simple son de la cloche. Beaucoup de psychologues pensent que les réflexes conditionnés sont les mécanismes de base du fonctionnement du cerveau.

(Les réflexes conditionnés peuvent se produire dans les circonstances les plus étranges. Des amis m'ont dit qu'ils avaient faim à chaque fois qu'ils entendaient un détecteur de fumée sonner. C'est une réponse bizarre, mais il y a une raison : quand ils étaient petits, cette sonnerie indiquait que leur père avait fini de préparer le dîner. Ce réflexe conditionné un peu inhabituel ne les a pas quittés depuis.)

Pour vous, le réflexe conditionné fait que, plus vous prenez la mauvaise direction, et plus vous avez de chance de vous tromper la fois d'après.

Ce que vous pourriez faire, c'est de suivre une thérapie par aversion. Si vous receviez un choc électrique violent au moment précis où vous tournez à droite, vous vous souviendriez certainement de ne pas recommencer. Au trajet suivant, à l'approche de ce carrefour, votre mémoire ferait le lien entre « virage à droite » et « douleur » – un autre type de réflexe conditionné.

Mais, me direz-vous, vous recevez un choc déplaisant – vos enfants qui vous disent : « Eh, t'es bête, papa, on a encore pris la mauvaise direction » – mais cela ne se produit que plus tard, quand vous vous retrouvez sur un chemin de terre sans issue. Pour qu'il soit efficace, le choc doit se produire au moment où vous voyez le carrefour, sinon vous ne ferez pas le lien.

Quand vous jouez au Memory™, vous retournez toujours la même carte

Au *Memory*™, vous placez des cartes à l'envers et vous en retournez deux pour essayer de détecter les paires. Même les compétiteurs les plus redoutables se retrouvent à retourner la même carte encore et encore. Cette carte devient une amie, même si elle finit par leur faire perdre la partie.

Je pense (et j'espère recevoir une bourse de recherche pour le prouver) qu'un réflexe conditionné se crée autour de cette carte et que, lorsque vous la regardez, vous vous souvenez qu'elle est d'une certaine façon amicale ou qu'elle vous portera chance, et c'est ce qui guide votre choix.

Lorsque vous entendez un nouveau mot, vous l'entendez partout

Cela se rapporte à la potentialisation à long terme – le renforcement de la tapisserie neuronale avec les répétitions. À la page 18, nous avons vu comment nous retenions seulement quelques mots dans un vacarme qui nous entoure. Quand notre attention se porte sur un nouveau mot – comme « potentialisation », peut-être –, ce dernier tisse une petite tapisserie dans la zone de reconnaissance des mots du cerveau, en utilisant la potentialisation à long terme. Quand le mot se présente à nouveau, la mémoire est réactivée. Le mot « potentialisation » sort du vacarme et parvient à votre conscience. Et vous vous dites : « Eh bien, j'entends ce mot tout le temps ! ».

(Cet effet est également connu sous le nom d'« effet de la Volkswagen bleue », d'après l'histoire d'un homme qui voulait acheter une voiture qu'il retrouverait facilement sur les parkings. Il pensait qu'une Volkswagen bleue serait parfaite, car tout le monde sait que personne ne conduit de Volkswagen bleue. Dès qu'il l'eut achetée et qu'il prit la route, il ne fit que voir des Volkswagen bleues partout.)

Les chansons que vous ne pouvez pas faire sortir de votre tête sont précisément celles que vous n'auriez pas dû laisser entrer

Après tellement d'années de variété, et avec seulement 72 notes à notre disposition, on aurait pu penser que toutes les mélodies ont été écrites. Mais rien ne semble pouvoir stopper la prolifération de ces insupportables jingles. Ils nous arrivent par wagons entiers des studios d'enregistrement. Heureusement, seuls certains d'entre eux parviennent à la notoriété, mais ils ont été sélectionnés pour leur ténacité mentale, souvent grâce à une technique appelée « *Old Grey Whistle Test*[1] ». On faisait écouter la chanson au portier ou au concierge, et on lui demandait ce qu'il en pensait. Cette question était une simple formalité : c'est ce qui se passait après qui était intéressant. Notre gars grisonnant était discrètement espionné au

1. Émission anglaise diffusée à partir de 1971 qui, pour la première fois, invitait des groupes à jouer sur scène avant de les interviewer. *(N.D.T.)*

moment où il partait. S'il sifflait l'air de la chanson, c'est qu'elle s'était logée dans sa tête. C'est le premier test – et le plus efficace – pour détecter un tube.

Quand vous cherchez quelque chose, vous cherchez encore et toujours au même endroit

Il arrive un moment dans la vie de tout un chacun où l'on se dit : « Pourvu que personne ne me regarde; je me sens vraiment bête ». Nous avons déjà regardé dix fois à un endroit à la recherche d'un livre, nous savons pertinemment qu'il n'y est pas, mais nous y regardons une fois encore. Mais non, il n'y est toujours pas, mais on regarde encore une fois pour en être vraiment certain(e). Pourquoi regardons-nous encore et encore au même endroit, alors que nous savons que notre livre n'y est pas ? Parce qu'il s'y trouve la vingtième fois que l'on regarde !

Cela fait des siècles que le mystère de l'objet invisible laisse les gens perplexes. Les spécialistes en physique quantique se sont récemment demandés si l'objet en question ne glissait pas dans un univers parallèle jusqu'au moment où on en achète un autre. Il y a deux mille ans, Archimède a proposé une théorie basée sur la curieuse science de son époque. Selon cette théorie, la vue était un processus actif et non passif. Plutôt que de laisser les rayons lumineux rentrer, l'œil en envoyait lui-même, comme une lampe torche, pour balayer la zone en question. Si le rayon de recherche était orienté dans la mauvaise direction, il passait à côté de l'objet.

On connaît maintenant la vérité. Quand on cherche un livre, on ne regarde pas tout en détail, on prend un raccourci : on va puiser une image de ce que l'on cherche dans les souvenirs du cortex. Tout en gardant cette image à l'esprit, on balaye ensuite rapidement la pièce à la recherche de quelque chose qui y ressemble. C'est astucieux.

Le problème, c'est quand on est pressé(e). Dans l'espoir d'un succès rapide, on balaye avec peu de critères – peut-être la couleur rouge de la couverture – et on ne remarque rien d'autre. Ce qui peut poser un problème car, si on a posé notre livre à l'envers et que l'on ne peut pas voir sa couverture, on ne le trouvera jamais.

La solution est simple : allez vous préparer un thé. Pendant que vous vous intéressez au sachet de thé et à votre nuage de lait, votre cerveau élargit la recherche. Quand vous revenez à votre recherche, plutôt qu'un soupçon de rouge, vous cherchez tout ce qui ressemble à un livre. L'association se fait rapidement, et on se demande alors pourquoi on ne l'avait pas vu la première fois.

L'effet « Nouilles » : c'est quand vous les avez au-dessus de la tête que vous demandez enfin à un responsable de rayon où les pâtes se trouvent

Plutôt courant. Cela semble se produire au moment le plus embarrassant. Vous avez cherché pendant une éternité, l'image des nouilles bien présente à l'esprit. Quand vous avez décidé d'abandonner, vous avez relâché votre esprit, la notion de « nouilles » s'est élargie, et le paquet est apparu dans votre champ de vision. Tout à coup, la nouille, c'était vous.

Cela arrive si souvent à tellement d'entre nous qu'on pourrait être tentés de se demander si les cerveaux n'ont pas commencé à dégénérer dans tout le pays. Mais nos cerveaux sont adaptés à une vie au milieu des arbres, des rochers et des chèvres, et pas forcément aux offres « trois pour le prix de deux ». Les plantes du Paléolithique ne tentaient pas d'attirer notre attention avec autant de zèle que les fabricants de shampooings, et les rochers ne présentent pas la même diversité que les céréales pour le petit déjeuner.

Cela fait vingt ans qu'un objet lourd, laid et inutile traîne au fond d'un placard. Deux jours après l'avoir jeté, vous en avez désespérément besoin

Ah, les merveilles du capharnaüm, plein de choses qui serviront peut-être un jour. Maintenant complètement oubliées, car vous avez remisé la boîte de pellicules photo, le pot rempli de crochets à rideaux, le paquet de fusibles et les colliers de serrage de façon expéditive, sans que la moindre trace mnésique de ces objets puisse se faire dans votre cerveau. Vous avez par conséquent tout oublié. Seul le fait de les jeter permet d'en créer un souvenir. Trop tard, bien sûr.

Il faut voir un « déjà-vu » pour y croire

Ce sentiment extraordinaire que vous avez parfois (quasiment tout le monde l'a eu) d'avoir déjà rencontré une situation par le passé suggère qu'un autre vous-même vit dans un univers parallèle, que vous avez déjà vécu dans une vie antérieure ou que vous avez la capacité de prédire l'avenir. Ou peut-être, je dis bien peut-être, s'agit-il d'un raté de votre horloge interne.

Un des aspects les plus importants de votre interaction avec le monde extérieur est lié au temps. Tout ce qui vous arrive (comme le fait de lire ce livre) prend la forme d'une histoire balisée dans le temps (« maintenant… il y a quelque temps… avant cela… »), qui s'inscrit dans votre hippocampe. Vous vous rappelez par exemple avoir lu ces mots plus récemment que les précédents. L'hippocampe donne une date à tout ce qui se produit.

Cet étiquetage temporel est essentiel. Si vous ne connaissiez pas l'ordre dans lequel les choses se produisent, ce serait comme regarder un film dans lequel les séquences se suivraient au hasard. Cela gâcherait votre journée. En fait, l'idée même de « journée » serait vide de sens. Dans vos souvenirs, le Soleil aurait une course complètement extravagante. Toute expérience de votre vie est donc inscrite dans une grille temporelle.

Vous comparez, en temps réel, toute nouvelle expérience aux souvenirs et aux attentes stockés dans votre cerveau. Si un événement ne reçoit pas d'étiquette temporelle au moment où il s'inscrit dans le film de votre vie alors le cortex suppose que, puisqu'il ne s'inscrit pas dans le présent, c'est qu'il fait partie des souvenirs – il appartient au passé. Où exactement dans le passé, il ne peut pas le dire, et les déjà-vu nous laissent donc une impression bizarre.

Souvenirs et oublis

Nous sommes très heureux quand nous pouvons oublier nos soucis. Il est aussi important d'oublier que de mémoriser. Schopenhauer a dit : « Attendre d'un homme qu'il retienne tout ce qu'il a lu, c'est comme attendre de son corps qu'il retienne tout ce qu'il a déjà mangé ». Il faut autoriser même les grandes douleurs, les grands traumatismes et les moments de désespoir à s'effacer dans certains cas, sinon les femmes refuseraient d'avoir plus d'un enfant.

Les souvenirs ont des durées différentes. Certaines sont en fait très courtes : la mémoire de travail, qui se concentre sur la tâche du moment (dans mon cas, la rédaction de ce paragraphe), utilise la mémoire à court terme pour manipuler des informations, avant de les laisser retomber dans l'oubli quelques instants plus tard. À l'opposé, il existe des souvenirs à long terme qui nous suivront toute notre vie. Des choses qui ont formé une tapisserie très solide – on n'oublie jamais comment faire du vélo ni notre table de 2.

Nous oublions nos plaisirs mais nous nous souvenons de nos souffrances

(Cicéron (Marcus Tullius Cicero), 106-43 avant J.-C.; Pro Murena*)*

Le problème, c'est de savoir quoi retenir et quoi oublier. Il nous est vraiment très utile de nous souvenir de certaines de nos souffrances. Si on retient les mauvaises expériences du passé, on a une chance de les éviter dans le futur. Beaucoup de traumatismes restent « gravés dans la mémoire » à jamais. (Des mémoires « flash », par exemple – nous nous souvenons tous de ce que nous étions en train de faire le 11 septembre 2001, lorsque nous avons appris l'attaque des tours du World Trade Center de New York.) Ces souvenirs ont été stockés dans une zone spéciale – l'amygdale, une petite parcelle au cœur du cerveau. L'amygdale est le siège de nos émotions les plus primitives, en particulier la peur. Le cerveau permet aux souvenirs ordinaires de se loger dans le cortex, où ils sont sujets à l'érosion car ils sont exposés aux mouvements qui traversent le cerveau chaque jour. Ils disparaissent à la longue mais les souvenirs d'événements particulièrement dangereux doivent persister, et l'amygdale les stocke donc au centre du système, où ils sont accessibles immédiatement. Alors que les souvenirs ordinaires disparaissent comme une tache d'encre sur la peau, les souvenirs traumatiques sont comme des tatouages : ils sont permanents. Ce sont ceux auxquels Cicéron fait référence ci-dessus.

Tout le monde ne s'accorde pas sur la quantité de souvenirs qui disparaît. Dans son livre *L'homme qui prenait sa femme pour un chapeau*, Olivier Sacks raconte l'histoire d'une vieille femme qui, sous l'influence d'une drogue appelée L-dopa, se rappelle de chansons, d'histoires drôles et de souvenirs vieux de 40 ans, qu'elle pensait avoir oubliés à jamais. Il y a certainement des milliards de souvenirs dans notre grenier, bien que nombre d'entre eux soient aujourd'hui émoussés. Si l'on veut les ramener à la conscience, il va falloir utiliser du fil neuf. Voyez p. 89 pour comprendre ce qui se passe.

C'est une bonne chose que les souvenirs s'estompent. Le scientifique russe A. R. Luria décrit, dans son ouvrage *Une prodigieuse mémoire* (1987), un homme du nom de Solomon Veniaminovich Shereshevsky qui était capable de retenir d'énormes listes de mots choisis au hasard et de s'en souvenir pendant plusieurs années. Il en a même, pendant un temps, fait sa carrière. Mais, avant de céder à la jalousie, ceux d'entre nous qui peuvent oublier un numéro de téléphone entre le moment où ils reposent le combiné et le moment où ils attrapent un crayon devraient réaliser que l'esprit de Solomon fourmillait en permanence d'images de choses, de mots, de goûts et de couleurs, qui faisaient intrusion dans sa vie quotidienne. Il s'en serait sorti avec de meilleures facultés d'oubli.

Vous vous souvenez du visage, mais pas du nom

On ne retient jamais aussi bien les noms que les visages. Une grande partie du cortex visuel est dédiée à la reconnaissance des visages. En fait, l'hyperactivité du département de reconnaissance des visages nous fait même voir des visages dans les nuages, sur l'écorce des arbres, sur la surface de Mars, etc. Les noms, par contre, n'ont pas cette chance. Le langage s'est développé récemment, il y a moins de 100 000 ans : le cerveau n'a pas construit de département assez grand, et il nous arrive communément de « nous souvenir d'un visage mais pas du nom ».

L'absence de l'être cher attendrit le cœur

(Thomas Haynes Bayly, 1797-1839, compositeur et dramaturge)

Notre mémoire n'est pas parfaite. À mesure que le temps passe, la tapisserie s'efface, ne laissant derrière elle que quelques fils pour résumé; quand on rappelle un souvenir par la suite, on y recoud les détails qui manquent.

Un puzzle peut s'estomper avec les années – les couleurs passent. Tout ce qu'on a à faire, c'est de le repeindre pour retrouver l'image originale. Mais est-on sûr d'utiliser les bonnes couleurs ?

De la même façon, quand on restaure notre tapisserie mentale, recoud-on avec les bons fils ? Quand on va chercher un ami de longue date qu'on n'a pas vu depuis dix ans, nos souvenirs sont doux, et cela influence le choix des fils que l'on utilise. On l'accueille donc chaleureusement. Ce n'est que quelques jours plus tard que l'on se rappellera combien on avait souffert de ses ronflements.

L'absence diminue les passions médiocres et augmente les grandes, comme le vent éteint les bougies et allume le feu

(François, duc de La Rochefoucauld, 1613-1680)

Quand on restaure notre tapisserie, on utilise des fils affectueux pour les gens que l'on aime et des fils exclusivement méchants pour les gens que l'on aime moins. L'image est biaisée, caricaturale.

Aux pages 89 et 90, nous verrons que le cerveau peut mal se rappeler les souvenirs, inventer de faux souvenirs et comment, dans certains cas, « L'absence de l'être cher embrouille le cœur ».

Mais, globalement, Albert Schweitzer avait raison lorsqu'il disait : « Le bonheur, ce n'est rien de plus qu'une bonne santé et une mauvaise mémoire. »

Les petits trucs de la vente

Nos 100 000 000 000 de neurones sont magnifiquement exubérants, leurs connexions sont incertaines, et nos souvenirs sont malléables. Personne ne comprend ça mieux que les agences de publicité. Grâce à leurs compétences, ils déforment gentiment la réalité, suffisamment pour vous faire tomber dans le panneau, encore et encore.

Franklin Pierce Adams a affirmé en 1944 qu'« il y a trop de gens qui pensent, en se basant sur leur expérience, que l'on peut tromper tout le monde et tout le temps ». Les paragraphes qui suivent lui donnent raison.

Tous les prix finissent par « ,99 »

Un jour où j'étais dans un magasin de vin, je me mis à compter les 9. Sans bouger, j'en comptai plus de mille. Sur toutes les bouteilles, il y avait une grande étiquette : 2,99 €, 3,99 €, 4,99 €, 5,99 €

ou 6,99 €. Vous voyez, trois euros c'est trois euros, mais deux euros quatre-vingt-dix-neuf, c'est deux euros et quelques. Notre mémoire nous dit que « 2… », c'est la même chose que 2, on ne pense pas « juste en dessous de 3 ». Qu'il est étrange que nous sachions qu'ils essayent de nous avoir, mais qu'ils continuent à le faire. Et – bénis soyons-nous – nous continuons à nous laisser volontiers avoir.

Un apologiste du commerce a un jour donné une explication au phénomène des 99 centimes. « C'est une question de sécurité », dit-il. « Si les prix étaient ronds, les vendeurs pourraient facilement empocher l'argent sans que quiconque s'en aperçoive. Mais, comme ils doivent rendre 1 centime, il faut qu'ils ouvrent le tiroir-caisse ». Bien tenté, Monsieur l'apologiste.

Plus il y a de boutons et de diodes, et moins ça fait de choses

Nous rencontrons ici un phénomène que les psychologues appellent « stimulus supranormal ». Quand on voit des voyants qui clignotent et des lignes pures, nous avons des réminiscences de navettes de films de science-fiction équipées d'ordinateurs quantiques multifonctions et dotés d'intelligence artificielle coûtant des milliards de dollars. Une petite partie de notre cerveau devrait calculer que, si on a dépensé tant d'argent pour la façade, il ne devait pas en rester beaucoup pour concevoir ce qu'il y a à l'intérieur, mais ce message est noyé par les souvenirs plus séduisants que nous inspirent toutes ces lumières qui clignotent.

Niko Tinbergen, un des pères de la psychologie moderne, qui a consacré sa vie à l'étude des goélands, a étudié les stimuli supranormaux. Il a, entre autres, constaté que, si on ajoutait un faux œuf dans un nid, ce dernier était traité comme les autres. Ce qui est plus étrange, c'est que, si l'œuf en question était énorme, la maman goéland ne se rendait pas compte que ce n'était pas l'un des siens, et lui prodiguait encore plus de soins. C'était un **super-œuf**.

Je constate la même chose chez mes enfants lorsqu'ils regardent des séries à la télé. Les personnages sont tellement mieux habillés, plus compétents, beaux et intelligents que dans la vraie vie. Quand un enfant éteint la télé après avoir regardé sa série préférée et revient à la réalité, il trouve sa famille terriblement pitoyable en comparaison : ils ne connaissent pas leur texte, ils sont mal éclairés, il n'y a pas la bonne musique, et on ne vient par les recoiffer et les remaquiller entre les prises.

Les emballages ont la même tendance à la supranormalité. Notre cerveau nous dit que, si ça a l'air gros, c'est que ça l'est. Une grande boîte contient forcément un grand objet.

Le stimulus supranormal est un exemple de léger déraillement de l'évolution. Prenons également la roue du paon. On a proposé toutes sortes d'explications à cette extraordinaire croissance de l'arrière du paon. Du point de vue de la survie, c'est un bagage désastreux qu'il lui faut traîner. Mais le pauvre gars ne trouvera pas son âme sœur s'il n'a pas l'équivalent aviaire de nos diodes multicolores.

Aucun doute, les industriels exploitent le stimulus supranormal au maximum. Comme Stephen Leacock l'a fait remarquer, la publicité est « la science d'endormir l'intelligence humaine suffisamment longtemps pour lui soutirer de l'argent ». La petite voix qui vous murmure que « l'habit ne fait pas le moine » est noyée par le cri : « C'est la première impression qui compte ! Achète-le ».

Le premier principe de la publicité, c'est d'éviter les promesses concrètes... et de cultiver le vague à souhait

(John C. Crosby, chroniqueur de la guerre civile américaine)

... et de s'assurer que la promesse vague est mise en valeur par des traces mnésiques qui en promettent plus. Quand vous achetez une tente « trois saisons », vous ne vous rendez pas bien compte que les trois saisons en question sont : le début de l'été, le milieu de l'été et la fin de l'été. Un téléviseur de 55 cm ne mesure 55 cm que si vous en mesurez la diagonale.

Certains produits prétendent contenir une « formule nouvelle et améliorée », offrant le meilleur des deux mondes, la tradition et la modernité. Dans les « ingrédients naturels », on trouve 80 pour cent de sucre, de graisse et de sel. Le mot « organique » sonne bien mais, pour certains producteurs, cela signifie juste que ça a « poussé ». Le mot « délicieux » déclenche de délicieux souvenirs – ce qu'il signifie en réalité, c'est « plein de matières grasses ».

Plus cela semble être une bonne affaire, et plus ça vous coûte cher

Il est curieux de constater que nous pouvons passer nos journées dans les magasins à économiser de l'argent, mais quand même rentrer à découvert à la maison. Partout, ce sont d'« Énormes Économies ! », des « Crédits Gratuits ! » et des « Réductions Massives ! ». Chaque signe aguicheur déclenche le bon type de souvenir : « crédit gratuit » semble nous dire que l'article est gratuit. Je n'ai jamais vu de panneau indiquant : « Économisez 100 pour cent du prix de ce canapé-lit, ne l'achetez pas ! ». Grâce aux publicitaires, et avec l'aide de nos souvenirs vagues, on repart avec tout ce que les panneaux nous demandent d'acheter. Le message publicitaire fonctionne vraiment : une expérience simple, menée par Nisbett et Wilson [2] le prouve. Ils ont demandé à des femmes de comparer plusieurs paires de bas. Les bas étaient tous les mêmes mais on dit aux femmes qu'ils étaient différents. Quand on leur demanda de choisir ceux qui, à leur avis, étaient les meilleurs, elles ont presque toutes choisi la paire qui était d'une façon ou d'une autre « supérieure » : la couleur, la texture, la qualité – c'était de la poudre aux yeux, mais ça leur suffisait largement.

Il naît un pigeon à chaque minute

(Phineas T. Barnum, du cirque Barnum et Bailey, le forain le plus connu des États-Unis)

Au milieu du XIXe siècle, les spectacles incroyables de Barnum ont fait le tour du monde, exhibant un grand nombre de monstres improbables mais populaires. Le problème de Barnum serait aujourd'hui qualifié de « problème de débit » : les foules l'aimaient tellement que les gens traînaient toujours, si bien qu'il était impossible de faire rentrer plus de visiteurs dans la tente. Au bout de la tente, il avait fait installer un panneau indiquant « Egress[1] ». Ce mot déclenchait un vague souvenir chez les visiteurs : n'est-ce pas une sorte d'oiseau exotique ? Ils se bousculaient à cette porte et se retrouvaient, bien sûr, dehors.

Résumé – Le train qui arrive

Vous courez à en perdre haleine dans un tunnel. Il fait très sombre, mis à part un point lumineux devant vous. Est-ce la lumière à la

1. Mot anglais signifiant sortie, mais proche du mot « egret », signifiant « aigrette ». *(N.D.T.)*

sortie du tunnel ? Dans les dessins animés de *Bip-Bip et le Coyote*, c'est exactement la question qui traverse l'esprit du Coyote lorsqu'il poursuit Bip-Bip dans un tunnel. Dans son souvenir, il y a de la lumière au bout d'un tunnel. Ce doit être la lumière que l'on voit au bout du tunnel; c'est ce que penserait n'importe qui... Mais un autre souvenir, des tunnels précédents, lui dit que ce n'est jamais si facile. Cela pourrait – pourrait, seulement – être les phares d'un train qui arrive... Effectivement, le Coyote se fait écraser par le train.

Cela nous arrive-t-il souvent ? Nous comptons sur notre mémoire pour nous dire ce que l'on a sous les yeux mais notre mémoire peut se tromper, et on finit écrasé(e) par le train qui arrivait dans l'autre sens.

Faire les liens

Jusqu'ici, nous avons pris les pièces de notre puzzle, nous les avons mesurées, nous sommes allés puiser dans nos souvenirs pour voir ce qu'elles nous rappelaient; nous devons maintenant les assembler pour former l'image. Dans ce chapitre, nous allons voir comment, dans le monde de Murphy, nous établissons régulièrement les mauvais liens, nous prenons la mauvaise pièce, qui refuse de s'insérer gentiment dans l'espace que l'on a laissé pour elle. Mais, plutôt que de trouver la pièce qui irait, nous nous obstinons à vouloir insérer la pièce que l'on a, en l'écrasant ou en déformant les pièces alentour pour qu'elle rentre.

Science naïve

Ce que nous voulons, c'est donner un sens à ce qui nous arrive. Pour rendre une histoire vraisemblable, on utilise la **science naïve**. C'est-à-dire que l'on utilise les lois de cause à effet : tout ce qui se produit a une cause, et entraîne un autre événement. Le problème, c'est de déterminer quelle est la cause et quel est l'effet et, dans ce domaine, la loi de Murphy est omniprésente.

Pour nous aider à comprendre les causes et les effets, nous avons à notre disposition une foule d'attentes, créées à partir de nos croyances sur le monde. À l'Âge de Pierre, nos attentes étaient plutôt réalistes, car le monde était plus simple. Ce qui montait finissait par descendre. De nos jours, ce n'est plus une certitude. Nous recherchons la vérité pure et simple mais, comme l'a dit Lady Bracknell :

La vérité est rarement pure, et jamais simple

(Oscar Wilde, 1854-1900, L'importance d'être constant*)*

Voici quelques exemples de science naïve.

Les gens qui portent des chapeaux finissent chauves

Le chapeau est la cause de la calvitie, CQFD. En fait, c'est l'inverse : les gens chauves portent des chapeaux car ils ont froid à la tête. Mais le scientifique naïf ne pense pas que l'on peut avoir froid à la tête. (Il a bien sûr plein de cheveux.) Il a aussi la vague croyance que tout ce que l'on couvre finit par mourir. Les plantes et les animaux souffrent d'être couverts, pourquoi pas les cheveux ? Chapeau bas pour les scientifiques naïfs !

On prend froid lorsqu'il fait froid

En voilà la preuve : c'est en hiver qu'on attrape froid, et c'est donc le froid de l'hiver qui en est la cause. Quelle évidence ! Mais c'est faux. La vérité c'est que, lorsqu'il fait froid, nous nous regroupons autour du feu ou dans les pièces chaudes, et les germes passent plus facilement lorsque l'on se tousse et s'éternue les uns sur les autres.

C'est le mouvement des arbres qui crée le vent

Plusieurs enfants éveillés ont fait ce lien. On peut rire de sa simplicité enfantine, mais seulement si on oublie que, il n'y a pas si longtemps, nous les adultes croyions que le Soleil tournait autour de la Terre, que l'on pouvait tout obtenir en mélangeant la bonne quantité de terre, d'eau, de feu et d'air, et que les humains étaient complètement séparés du reste du règne animal. Depuis l'époque d'Hippocrate et d'Aristote, il y a plusieurs milliers d'années, nous étions absolument sûrs que le cœur attirait le sang au lieu de le pomper, que les poumons le mélangeaient et que le cerveau servait à le refroidir, que la vision était due à des rayons lumineux émis par nos yeux… Les gens qui nous soignaient avaient tout compris à l'envers. Avec une médecine pareille, c'est un miracle que la race humaine ait survécu au Moyen-Âge.

Encore aujourd'hui, la plupart d'entre nous pense que les objets lourds tombent plus vite que les objets légers, que les sons forts se déplacent plus vite que les sons faibles et que la Lune est plus grosse lorsqu'elle est à l'horizon.

À l'heure actuelle, les scientifiques pensent que l'Univers fut créé par un Big Bang. Les causes et les effets semblent incontestables. Dans les années 1920, un astronome du nom d'Edwin Hubble a remarqué que les étoiles s'éloignaient les unes des autres – que l'Univers était en expansion. En remontant le temps, il ne put y trouver qu'une explication : il y a très longtemps, toutes les étoiles et les galaxies devaient être concentrées en un point, une singularité, à partir de laquelle elles se sont dilatées pour former l'univers que l'on connaît. C'est une belle histoire, et j'y crois complètement. Laissons de côté le fait que la théorie d'Hubble n'explique que 5 pour cent de l'Univers, que l'expansion de l'Univers est plus rapide qu'elle ne devrait, qu'il manque 95 pour cent de sa masse, sans parler de la matière noire et de l'énergie noire. Je crois au Big Bang. J'aime bien mon puzzle comme il est, merci.

Vous n'avez plus de freins quand vous lavez votre voiture

« Je vous ai eu ! », se dit Murphy. Lorsque les rouleaux de la station de lavage se mettent à tourner autour de vous, votre voiture commence à glisser vers l'avant. Vous vous jetez sur les freins, convaincu(e) que vous allez finir dans le mur de la station et mourir. Vous vous rendez finalement compte que ce n'est pas votre voiture qui avance, mais les rouleaux qui reculent. Le scientifique naïf en vous pensait que l'énorme rouleau était immobile, et que c'est la voiture qui était à l'origine du mouvement.

C'est la même chose, mais en différent, avec les voyages en train : vous êtes confortablement installé(e) à votre place en attendant que le train démarre, et c'est la gare qui démarre en sens inverse. Ici, le scientifique naïf a supposé que le train était immobile. Si le train se mettait en mouvement, se dit-il, il y aurait une secousse. Sans cette secousse, la cause de ce qu'il voit par la fenêtre ne peut être que le mouvement de la gare. Vous voyez la pertinence du qualificatif de « naïf ».

Chaleur et travail

Les professeurs Elton Mayo, F. J. Roethlisberger et William J. Dickson occupent une place enviable au panthéon de la psychologie expérimentale. Leur expérience est la plus célèbre des expériences de psychologie [1]. Ils ont passé huit ans dans la centrale électrique d'Hawthorne dans l'Illinois entre 1924 et 1932 à étudier les moyens d'améliorer la productivité des travailleurs. Ils ont tenté d'augmenter la température de 2 degrés – la production augmenta. Ils l'augmentèrent à nouveau de 2 degrés – la production augmenta encore. Encore 2 degrés – la production suivit. Ils étaient à deux doigts de conclure qu'une température subtropicale maximisait la production.

Pour terminer, ils rétablirent la température initiale – la production augmenta une fois de plus ! La même chose se produisit avec le niveau de lumière ambiant, la taille des groupes et la durée du travail. À chaque nouvelle modification, la production augmenta. Ils durent conclure, à contrecœur, que l'augmentation de la productivité des travailleurs n'était pas due aux modifications de leurs conditions de travail, mais au fait que quelqu'un se souciait d'eux. Quelqu'un se donnait du mal pour déterminer la température, le niveau lumineux, la taille de groupe et la durée de travail optimaux. Ils réagissaient à la considération et au respect.

MM. Mayo, Roethlisberger et Dickson s'étaient entraînés en laboratoire, où ils avaient travaillé avec des rats. Quand ils regardaient les travailleurs d'Hawthorne, tout ce qu'ils voyaient, c'étaient des rats – mieux habillés, bien sûr, et capables de marcher sur leurs pattes arrières mais, en dehors de ça, des rats. Découvrir que les travailleurs avaient des considérations si sentimentales, si molles et si éloignées des préoccupations des rongeurs fut une surprise pour eux.

Mayo, Roethlisberger et Dickson s'attendaient à ce que le puzzle s'emboîte d'une certaine façon, et il leur fallut beaucoup d'efforts pour penser autrement. Ils ont au moins eu le courage de l'admettre, ce qui semble impossible à beaucoup d'autres.

Il y aura toujours des résultats pour étayer votre théorie

(Arthur Bloch, Murphy's Law, *1977)*

C'est particulièrement vrai pour les compagnies pharmaceutiques qui financent plusieurs campagnes de tests pour chaque nouvelle pilule de régime ou antidépresseur qu'elles veulent lancer sur le marché. Les résultats de la plupart des tests ne sont pas publiés. Parmi ceux qui le sont, un nombre excessivement élevé se révèle favorable. Et oui, en fin de compte, les résultats défavorables sont gentiment mais fermement jetés aux oubliettes [2]. Ce qui intéresse la compagnie, c'est le lien de cause à effet. La « cause », c'est le médicament; l'« effet », ce devrait être la guérison du patient. Si le patient ne guérit pas, c'est que le problème vient de lui, pas du médicament. Les essais se poursuivent jusqu'à ce que le patient guérisse après avoir pris le médicament, après quoi la compagnie pharmaceutique se rue sur les imprimantes.

Voir c'est croire

Nous nous plaisons à croire que ce que nous voyons est basé sur une observation rationnelle mais, à cause de toutes nos attentes, on a plus de chances de voir ce que l'on veut voir.

En décembre 1901, Marconi était prêt à tester sa théorie selon laquelle on pouvait transmettre des signaux radio au-dessus de l'Atlantique. Il prit place dans une petite salle de Signal Hill à Terre-Neuve peu après midi pour attendre le signal en provenance de Poldhu en Cornouaille en Angleterre. Comme il le raconta plus tard, il entendait clairement la lettre S en morse « tac… tac… tac » dans son casque. Une analyse des conditions météorologiques de l'époque jette un doute sur cette déclaration. Les signaux à ondes moyennes qu'il a utilisés n'auraient pas pu aller aussi loin ce jour-là. Il y a plus de chances pour qu'il ait entendu des parasites et imaginé le signal. Il a entendu ce qu'il voulait entendre.

Il se trouve que Marconi avait raison à propos des ondes radio, mais tout le monde n'est pas aussi chanceux.

Croire c'est voir

À peu près à la même époque où Marconi « entendait » ses signaux, un physicien français du nom de René Prosper Blondlot « voyait » un nouveau type de rayonnement. Les « rayons N » apparaissaient lorsque l'on diffractait des rayons X grâce à un prisme en aluminium. Ils se manifestaient sous la forme d'une faible lueur, si faible que seuls des yeux aiguisés pouvaient voir. Les scientifiques étrangers étaient sceptiques, mais plusieurs éminents scientifiques français ont rendu visite à Blondlot dans son laboratoire et ont vu les rayons N, ce qui est étrange, car ces rayons n'existent pas. Ce n'était qu'une version moderne du conte d'Andersen « les habits neufs de l'empereur ». Ces éminents scientifiques ont vu ce qu'ils voulaient voir. La bévue fut révélée lorsqu'un journaliste retira discrètement le prisme en aluminium du montage. Les scientifiques continuèrent à s'extasier sur la lueur, jusqu'au moment où le journaliste leur mit le prisme sous le nez.

Un mensonge a le temps de faire la moitié du tour du monde avant que la vérité ait eu le temps de mettre ses chaussures

(Mark Twain, auteur américain, 1835-1910)

La vérité est compliquée, mais un mensonge est épuré. Un mensonge est crédible si toutes les incertitudes qu'il soulève appartiennent au domaine du possible. On avale facilement des mensonges lisses. Un mensonge s'accorde également bien avec nos attentes. Nous aimons les images du monde simples comme une scène de mime, comme l'illustrent les histoires ci-dessous.

- En 1929, quand la bourse de Wall Street s'est effondrée, beaucoup de gens désespérés se sont suicidés… Pas tant que cela, il me semble. Les journalistes ont entendu parler d'un ou deux suicides à peu près en même temps que le crack boursier et ont voulu y voir une relation de cause à effet. Les statistiques des hôpitaux ne signalent pas d'augmentation significative du nombre de suicides dans les mois qui ont suivi le crack. Les statisticiens sont vraiment des rabat-joie.

- En 1966, la ville de New York fut privée d'électricité pendant dix jours. Neuf mois plus tard, la ville connut une grande vague de naissances. Si vous voulez croire à cette histoire, ne regardez pas les chiffres, qui ne révèlent aucune augmentation. Le baby-boom de la panne d'électricité est une magnifique légende urbaine.
- En 1958, Walt Disney a envoyé une équipe de tournage au Canada pour filmer des lemmings qui se jetaient des falaises. Après plusieurs jours d'attente, pendant lesquels les lemmings ont fait preuve d'une surprenante tendance à se tenir à l'écart des falaises, l'équipe impatiente en a réunis quelques-uns, les a poussés de la falaise et a filmé le résultat. Le film, *White Wilderness*, a perpétué le mythe du suicide des lemmings, mythe qui a même inspiré le jeu informatique *Lemmings*. Walt Disney savait à quoi le puzzle devait ressembler, et il a fait en sorte de ne pas contrarier les attentes du public. Si vous regardez ce film aujourd'hui, vous verrez clairement que quelqu'un hors du champ de la caméra pousse les lemmings vers le précipice, mais un public naïf ne verra que ce qu'il a envie de voir. Le monde moderne est riche et complexe mais notre esprit de Néandertal lui préfère les choses simples de la vie, ou de la mort en l'occurrence.
- Les photos prises lors de la mission Mars Landers montrent clairement la teinte ocre de la Planète Rouge. Mars n'est pas rouge : elle est d'un gris terne, comme la Lune. Mais, si les photos étaient gris terne, plus personne ne s'y intéresserait, et je pense que les financements diminueraient. Tout le monde sait à quoi Mars doit ressembler, et les scientifiques doivent fournir la bonne pièce de puzzle.

Le messager se fait toujours tuer

Nous sommes tous des « scientifiques naïfs ». Même les despotes, les tyrans et les dictateurs le sont, bien qu'ils soient peut-être plus du côté « naïf » que du côté « scientifique ». Un scientifique naïf voit deux choses qui se produisent en même temps et suppose que l'une est la cause de l'autre. Le siège de cette intelligence dans le cerveau est le lobe frontal. Espérons que notre évolution future verra cette partie de nous se développer dans les millénaires qui viennent, en particulier chez les tyrans belliqueux, ce qui nous épargnerait certaines de leurs idées les plus ridicules. D'ici là, lorsque le messager apportera de mauvaises nouvelles, le tyran pensera « mauvaises nouvelles… le messager… tuer le messager ».

Nous faisons tous un peu de science naïve, quels que soient nos efforts pour l'éviter. On ne trouve pas les petits pains au lait qu'on a achetés la veille, et notre petite fille de 4 ans a disparu… On a tendance à faire le lien entre les deux, et à penser qu'il y en a un qui a mangé l'autre. On ne trouve pas nos clés de voiture, et notre fils de 19 ans a disparu… On ne trouve plus notre femme et notre meilleur ami a disparu… Même dans les foyers les plus équilibrés, il reste de la place pour un doute passager.

La réécriture de notre histoire

On ne comprend sa vie que lorsque l'on regarde en arrière, mais on ne peut la vivre qu'en regardant vers l'avant

(Søren Kierkegaard, philosophe danois, 1813-1855)

Ça ne s'arrange pas. Jusqu'à présent, vous pensiez peut-être que, quel que soit le chaos de votre vie présente, au moins le passé était en sécurité, stocké dans des souvenirs solides au niveau du cortex. Pas de chance.

Le recul, c'est une vision de 10/10

(Billy Wilder, réalisateur américain, 1906-2002)

Il s'avère que B. Wilder et S. Kierkegaard ont tous les deux tort. Nous réécrivons le passé pour qu'il colle avec le présent. Le recul, c'est une **ré**-vision de 10/10. Nader et LeDoux [3] ont montré que l'on peut effacer des souvenirs bien implantés comme on claque des doigts. Ils travaillaient en laboratoire sur des rats mais, avec les humains, on peut non seulement effacer le passé, mais on peut également le remplacer par une nouvelle version si l'envie nous en prend.

Lorsque l'on examine le cerveau humain, on se rend compte que ce n'est pas difficile à faire. Les souvenirs sont distribués dans tout le cortex : les sons se trouvent dans le cortex auditif, les images dans le cortex visuel, ce qui concerne la géographie se trouve dans l'hippocampe et la coloration émotionnelle, dans l'amygdale. Ces différentes parties sont liées par des connexions neuronales, comme une tapisserie aérée. Avec le temps, tous les brins s'usent. Pour faire remonter un souvenir, on va taquiner ce qu'il reste du treillis à partir de ses accroches dans le cortex, et on rebrode les détails.

Si certaines parties de la tapisserie ne s'abîment jamais – les réponses de peur, par exemple –, d'autres parties peuvent disparaître complètement. La reconstruction peut donc facilement se transformer en distorsion. Il est reconnu que cela nuit sérieusement à la crédibilité des témoins oculaires de crime.

Les États-Unis connurent une série d'exemples de faux souvenirs dans les années 1980. Nadean Cool, une aide-soignante, commença une psychothérapie en 1986 pour résoudre ses problèmes familiaux. Avec l'aide de son thérapeute, elle retrouva des souvenirs qui étaient enfouis dans son cerveau depuis des décennies, et qui étaient responsables de sa psychose. Elle se rappela avoir participé à un culte satanique, avoir mangé des bébés, avoir été violée, avoir eu des rapports sexuels avec des animaux et avoir assisté au meurtre d'un de ses amis lorsqu'elle avait huit ans. Cela suffisait à expliquer ses symptômes, mais son thérapeute l'aida à retrouver d'autres souvenirs. Elle fut surprise de découvrir qu'elle avait plus de 120 personnalités – des enfants, des adultes, des anges et même un canard. À ce moment-là, elle commença à mettre sa folie en doute.

Les méthodes manipulatrices du thérapeute furent finalement mises au jour mais, malheureusement, pas avant que d'autres cas de faux souvenirs aient été découverts et plusieurs familles détruites par des « révélations » similaires. Ces souvenirs étaient clairement faux, mais voyez avec quelle facilité ces idées loufoques étaient devenues partie intégrante de leur biographie officielle ! Les victimes ne pouvaient pas croire que les souvenirs qu'elles faisaient remonter étaient faux, car elles étaient convaincues du caractère sacré de leur passé et de la pureté de leurs souvenirs.

La nostalgie n'est plus ce qu'elle était

Il faut se méfier d'une vision trop rose du passé; il est vu avec le regard sombre d'aujourd'hui. Le passé était plaisant. Nous étions insouciants. L'argent n'était pas un problème. Il faisait beau et chaud. Il n'y avait pas de vols. De nos jours, tout va trop vite, il y a de plus en plus de crimes. Les jeunes d'aujourd'hui n'ont plus de respect, ils n'écoutent plus…

En vérité, ce qui a changé, ce ne sont pas les jeunes mais les critiques. Les personnes âgées sont plus fragiles et plus lentes, elles sont moins adaptées. Elles sont plus sensibles au froid, et leur jeunesse leur paraît donc plus chaude en comparaison. Leurs horloges internes ont ralenti, et la jeunesse d'aujourd'hui semble s'agiter à une vitesse ahurissante; elle balaye les aînés. Mais les anciens devraient se rappeler qu'ils faisaient la même chose aux personnes âgées quand ils étaient jeunes.

L'amour est un mauvais tour qu'on nous a joué pour assurer la survie de l'espèce

(Somerset Maugham, écrivain anglais, 1874-1965,
A Writer's Notebook, *1949)*

Dans le domaine du cœur, la passion et la douleur prennent des dimensions extrêmes. Quand une histoire d'amour se termine, on assiste à la réécriture frénétique de l'histoire. Quand Elle se rend compte qu'Il a eu une aventure, elle repasse l'histoire des six derniers mois : « Alors c'est pour ça qu'il rentrait tard... alors c'était ça, son « bleu » dans le cou... alors c'est pour ça qu'il était fatigué le soir... » L'analyse est longue et méticuleuse. On repeint l'ange sous forme de démon. Cela est peut-être dû à un accès de stress post-traumatique – des nuits entières à revivre le passé et à le réécrire pour y insérer ces nouvelles données.

Ne pas faire les liens

Nous avons combien il était facile d'établir les mauvais liens, de mélanger les causes et les effets. Il y a également des conséquences désastreuses lorsque l'on ne fait *pas* les *bons* liens, lorsque l'on ne voit pas l'effet d'une cause.

Quoi qu'on aime, c'est illégal, immoral ou ça fait grossir

(Alexander Woollcott, critique et auteur américain, 1887-1943)

L'excès de nourriture est un problème général que nous ne semblons pas en mesure de maîtriser. Le cerveau dont nous sommes équipés n'a pas beaucoup changé ces 100 000 dernières années. Nos ancêtres mangeaient des feuilles, des racines, des noix et des baies, et ils chassaient quand ils pouvaient. Les chasseurs rentraient souvent bredouilles – la nourriture ne se trouvait pas dans les fast-foods, mais elle s'enfuyait très vite et elle n'était pas très facile à attraper. C'était une vie indubitablement dure, et notre cerveau était construit pour s'en accommoder; il poussait les premiers hommes à manger quand ils pouvaient car, souvent, ils ne le pouvaient pas.

Dans les pays occidentaux, on mange, comme on l'a toujours fait, car on ne sait jamais quand la prochaine famine va se produire. Mais notre cerveau brillant s'est arrangé pour que la famine ne se produise jamais. La conséquence malheureuse de cela, c'est qu'un tiers des habitants d'Amérique du Nord est officiellement obèse et que le reste du monde ne demande qu'à leur ressembler. Pourtant, nous grignotons et picorons car c'est comme cela que nous sommes construits. Quelque chose devrait nous faire arrêter de manger, mais rien ne se produit. Nous attendons l'arrivée d'une réponse instinctive qui nous empêcherait d'avoir un petit creux.

Il existe en fait quelque chose qui est supposé jouer ce rôle. L'hypothalamus, au cœur du cerveau, surveille le taux de sucre dans le sang. Lorsque ce niveau est élevé, il envoie l'information de satiété au cerveau supérieur. Mais ce cerveau supérieur ne fait rien de cette information. Le lien ne se fait pas, car notre cerveau n'est pas adapté au monde qu'il a créé. C'est la loi de Murphy : nous nous transformons en caricatures d'humains, car nous ne faisons pas le lien entre le fait de manger et le fait de gonfler au niveau profond, instinctif.

On ne peut prédire les choses qu'une fois qu'elles se sont produites

(Eugène Ionesco, dramaturge français, 1912-1994; Le Rhinocéros, *1959)*

Les gouvernements et les scientifiques ont la responsabilité de faire des prédictions et d'établir des plans pour y faire face. La rapidité des changements et des innovations en matière de sciences montre à quel point cela est difficile. Quand cette magnifique molécule qu'est le CFC (chlorofluorocarbone) fut inventée, ce fut la fête dans l'industrie. Elle était parfaite : peu coûteuse à produire, non polluante et non toxique, c'était un don pour les industries des aérosols et de la réfrigération.

Personne n'avait prévu ce que les CFC feraient à la planète. Comment cela aurait-il été possible ? Il fallait que ces molécules montent jusqu'à la stratosphère, subissent des dizaines de réactions chimiques sous l'influence du rayonnement ultraviolet avant de se mettre à détruire la couche d'ozone à toute vitesse. Aucun humain ne pouvait voir si loin en avant. Malheureusement, il fallut beaucoup de temps pour que l'on puisse clairement voir dans le passé.

La vie sans histoire de cette molécule fut perturbée par la découverte, en 1984, d'un trou dans la couche d'ozone dû aux mauvaises habitudes des CFC. Bien que les scientifiques aient tous été d'accord sur les dégâts et sur la menace que cela faisait peser sur la vie de notre planète, il fallut attendre trois ans pour qu'une interdiction internationale apparaisse et, même à l'heure actuelle, cette interdiction n'est pas totale. La Chine, par exemple, n'arrêtera pas sa production avant 2010.

Ce qui vous rafraîchit le visage réchauffe la planète

Tout comme l'obésité, nous voyons le réchauffement climatique venir à grands pas, mais nous ne faisons pas le lien. Pendant la chaleur de l'été, on utilise un ventilateur pour se rafraîchir. L'énergie nécessaire provient d'une centrale électrique, qui rejette du dioxyde de carbone dans l'atmosphère. Le dioxyde de carbone est un gaz à effet de serre : il réchauffe le climat. Quand on a encore plus chaud, on allume un deuxième ventilateur pour se rafraîchir. Deux ventilateurs consomment deux fois plus d'électricité, si bien que les émissions de dioxyde de carbone doublent, ce qui contribue encore plus au réchauffement climatique. Alors on a encore plus chaud, et on rajoute encore deux ventilateurs… et ainsi de suite.

Les grandes variations climatiques, des sécheresses aux ouragans en passant par les inondations, sont dues à un excès de chaleur dans l'atmosphère. La preuve scientifique a été faite mais c'est notre amour paléolithique pour les brises rafraîchissantes qui l'emporte. Le réchauffement climatique finira par nous faire cuire, à moins que l'on fasse le lien entre les appareils de climatisation et le réchauffement de la planète dont nous sommes la cause.

Les superstitions

L'opposé du lien de cause à effet, c'est le lien de cause à **absence** d'effet. Si vous faites quelque chose et que cela vous évite une catastrophe, vous continuerez naturellement à le faire. C'est la nature même des actes superstitieux.

Nous fuyons le nombre 13, au cas où il nous porte malheur, comme on dit. Dans presque tous les immeubles et les hôtels, il n'y a pas d'étage numéro 13, ni de chambre 13. Dans beaucoup d'aéroports, il n'y a pas de porte d'embarquement 13. Dans les avions, aucune rangée de sièges ne porte le numéro 13. En Italie, il n'y a pas de numéro 13 à la loterie nationale. À Florence, toujours en Italie, la maison située entre la 12 et la 14 porte le numéro 12 et demi. Dans beaucoup de villes américaines, il n'y a pas de 13e rue ni de 13e avenue.

En France, des aristocrates connus sous le nom de « Quatorziens » proposaient leurs services pour éviter un destin tragique au dîner. Personne ne veut laisser le nombre 13 rentrer dans sa vie, pas même dans une expérience destinée à déterminer si le nombre 13 porte vraiment malheur.

La ténacité des superstitions réside dans la « preuve » que, lorsque l'on commet une action, on évite le désastre. Quand vous renversez du sel, vous en jetez une pincée par-dessus votre épaule pour vous mettre à l'abri. Le résultat ? Pas de catastrophe ! CQFD. Vous continuerez à le faire pour vous mettre à l'abri. Vous ne voulez pas tenter le diable, n'est-ce pas ?

Si vous riez de la superstition avec le sel, demandez-vous si vous utilisez seulement des minuscules pour les adresses électroniques. Les adresses électroniques ne font pas la différence entre les minuscules et les majuscules, mais essayeriez-vous d'en écrire une en majuscules pour envoyer un message juste parce que je vous l'ai dit ?

Résumé – Le lien manquant

Que nous soyons des scientifiques accomplis, des scientifiques amateurs ou des non scientifiques, nous faisons tous de la science naïve. En juin 2002, j'étais dans une salle de préparation du département des sciences d'une école. C'était juste avant le début des cours de l'après-midi, et les professeurs étaient plongés dans la retransmission des matches de la Coupe du Monde de football. La loi de Murphy est très claire en ce qui concerne le football à la télévision.

Si vous clignez des yeux,
une équipe marque un but;
si vous allez aux toilettes,
elle marque trois buts;
s'il y a penalty,
la télé tombe en panne

Il y avait penalty, et je savais donc que la télé allait tomber en panne, bien que je ne sache pas quand exactement. Un professeur est rentré dans la salle, en pestant contre un de ses élèves. Il a jeté son livre sur la table. La télé est tombée en panne. Tous les professeurs de science se sont tournés vers lui et ont bafouillé : « Qu'est-ce que tu as fait ? ». Ils ont regardé le livre, vérifié la table et examiné ce coin de la pièce. Il n'y avait bien sûr aucun lien, mais c'étaient des professeurs de science naïfs. Personne n'échappe à son instinct.

Nous aimons tous les réponses simples. Nous n'aimons pas les puzzles difficiles. Nous aimerions bien prendre des ciseaux et découper les pièces qui dépassent, ou faire tremper les pièces pour en estomper les couleurs, avant de les faire rentrer dans les espaces qu'on leur a réservés. Dans le prochain chapitre, nous trouverons exactement le bon outil pour faire tout ça, pour faire bouillir les pièces, les mélanger et les teindre comme bon nous semble.

Les émotions

Quand on en vient aux émotions, l'analogie avec le puzzle ne tient plus. Faire un puzzle est une action plutôt tranquille, qui n'a rien à voir avec les émotions. Réaliser le puzzle de la vie est tout sauf tranquille. Dans la vie, tout a une coloration émotionnelle. Les philosophes du Moyen-Âge comptaient quatre émotions de base, ou « humeurs » : flegmatique (paresseux), colérique (agressif), sanguin (fantaisiste) et mélancolique (dépressif). (Le sens du terme « humeur » a clairement évolué depuis.) Certains psychologues contemporains ont proposé six types différents, d'autres huit, qui sont basés sur la reconnaissance des expressions faciales : la colère et le dégoût, l'anticipation et la joie, la tristesse et la surprise, l'acceptation et la peur. Mais il peut y avoir plus de quasi-émotions qui se cachent sous la surface : des modérateurs de l'humeur que l'on ne peut pas qualifier d'humeurs.

Ce qui est clair, c'est qu'il n'y a rien, si banal soit-il, qui soit totalement dénué d'émotion, de la même façon qu'il n'existe rien qui soit totalement dénué de couleur, d'odeur ou de son.

Bien que nous soyons nés avec beaucoup de réponses émotionnelles innées – instinctives –, nous devons apprendre la plupart d'entre elles. Par exemple, la couleur rouge est juste une couleur. Si un enfant voit un homme agiter un drapeau rouge, il pense « homme + drapeau + rouge », et pas beaucoup plus. Plus tard, il apprend à attribuer une émotion à cette couleur. Un homme qui agite un drapeau rouge sur un champ de bataille apporte une coloration émotionnelle (le danger) différente de celle d'un homme qui agite un drapeau lors des fêtes du nouvel an chinois (la joie), ou devant le palais présidentiel (la révolution). L'addition des émotions entraîne que la couleur « rouge » a une signification plus large qu'avant.

Bien que nous les ayons laissées de côté jusqu'ici, les émotions sont à l'origine de toutes les lois de Murphy, sans exception. Quand la loi de Murphy frappe – quand notre tartine tombe une fois de plus sur le côté beurré –, cela nous laisse-t-il indifférent ? Aucune chance ! De la colère, oui; de la tristesse, peut-être; de l'apitoiement, de la frustration, de la dépression, de la détresse, de la culpabilité, de l'ironie, de la honte, du chagrin, du dégoût, de la surprise, de la suspicion, du mépris, de l'anticipation, de la peur, du remords, de la stupéfaction, de la consternation, du cynisme, de la déception, de l'embarras, de la fureur, de l'horreur, du désarroi, c'est possible; mais de l'indifférence, non.

La peur

Le siège des émotions est l'amygdale, un petit organe qui se trouve dans le cerveau inférieur, que l'on appelle le « cerveau mammalien » car il était présent chez les mammifères bien avant que le cerveau moderne ne se développe. L'amygdale traite l'émotion la plus importante – la peur. La peur peut sauver notre vie. L'augmentation du niveau d'adrénaline, l'accélération des pulsations cardiaques, la dilatation des pupilles, tous les signes extérieurs de la peur proviennent de la préparation du corps au combat ou à la fuite – un mécanisme de survie inné aussi important que le réflexe qui nous fait sursauter pour retirer la main d'une flamme. Tout comme ce réflexe, la peur est automatique et, en tant que réflexe, elle éclipse souvent les autres fonctions du cerveau.

Lorsque l'amygdale détecte une menace, elle déclenche une chaîne de réponses hormonales, dont le résultat principal est l'apparition de l'adrénaline dans le sang, ce qui vous fait paniquer, comme cela se produit lorsque la loi de Murphy pointe le bout de son nez dans la salle de bain, expérience embarrassante s'il en est.

L'araignée dans votre baignoire grossit de jour en jour

Environ 10 pour cent des Européens son arachnophobes. Ils sont pourtant 100 pour cent à savoir que les araignées européennes sont inoffensives. Pourquoi paniquent-ils ? Pourquoi, dès que nous posons les yeux sur une araignée, sortons-nous en hurlant de la salle de bain, comme si on essayait d'échapper aux griffes de la Mort elle-même ? N'entendez-vous pas cette petite voix qui vous appelle : « Au secours, au secours ! Pauvre de moi ! » Pourquoi votre conscience ne vous dit-elle pas : « Un instant ! Il n'y a pas de danger, c'est juste une petite araignée qui est tombée dans la baignoire et qui n'arrive pas à en sortir ! »

Lorsque vous voyez l'araignée, l'information du cortex visuel atteint d'abord une station relais juste au-dessus de l'amygdale, le thalamus. De là, elle se sépare et prend deux chemins différents ; l'un d'entre eux mène de façon normale au cortex, pour que ce dernier puisse y réfléchir et peut-être y faire quelque chose dans le futur. Mais l'autre chemin mène directement à l'amygdale, qui déclenche immédiatement l'alarme. Avant même de le savoir, vous êtes déjà sorti(e) de la salle de bain. Et ce « avant même de le savoir » est littéralement vrai. Des images obtenues grâce à l'IRMf (imagerie par résonance magnétique fonctionnelle, voir l'annexe 2, p. 253) montrent que le cortex, qui pourrait peut-être y faire quelque chose un jour, est complètement laissé de côté. Il arrive seulement après, d'un pas tranquille, constate le chaos hormonal et enregistre l'« émotion » de peur : c'est à ce moment-là que devenez conscient(e) de la situation. C'est des plus étranges : la dernière personne à savoir que vous paniquez, c'est vous. Tout le monde sait ce qui vous arrive bien avant que vous en soyez conscient(e). Bien que vous racontiez à tout le monde que vous avez senti cette terreur étrange et êtes sorti(e) de la salle de bains en courant, c'est l'inverse qui est vrai : vous êtes sorti(e) de la salle de bains en courant, et ensuite vous avez ressenti la terreur.

Il faut que l'amygdale intervienne rapidement car la vitesse est essentielle en cas d'urgence. Ce n'est pas le moment de faire appel à son intelligence – cette araignée pourrait bondir à n'importe quel moment.

Ce qui nous amène à la loi de Murphy – la question centrale : quelle urgence ? Pourquoi avons-nous peur des araignées ? Elles ne sont pas le moins du monde dangereuses, du moins pas celles qui habitent nos contrées du Nord de l'Europe. Personne ne connaît la réponse à cette question, mais il se peut que nous soyons ici face à un instinct profond : un réflexe résiduel datant de plusieurs centaines de milliers d'années, avant que l'*Homo sapiens* soit venu d'Afrique, où certaines araignées sont venimeuses et mordent.

Nous savons déjà que certaines réactions de peur assez complexes sont innées. Les chevaux ont peur des serpents. Même s'il n'en a jamais vu avant, un cheval réagira violemment à la vue d'un serpent. Même un tuyau d'arrosage le terrorisera. Notre peur des araignées est tout aussi innée et automatique, et on ne peut s'en défaire.

Certains chercheurs pensent que l'on réagit à la façon dont les araignées se déplacent. Comme les panthères, les araignées chassent et, tout comme les panthères, elles traquent, rampent, se tapissent et se jettent sur d'autres animaux pour les manger. Nous avons peut-être peur qu'elles nous mettent à leur menu. Quelle qu'en soit l'origine, c'est une réponse primitive, inadaptée à nos salles de bains citadines. Cette phobie est à classer au rang des laissés-pour-compte de l'évolution, avec la chair de poule et l'appendice.

(Pendant que l'on s'intéresse aux baignoires, voici autre chose : pourquoi tellement d'entre nous pensent-ils que les araignées sont remontées par les canalisations de la baignoire ? Le scientifique naïf en nous (voir p. 81) a son idée sur la question, basée sur la croyance que des choses proches ont la même origine. L'araignée se trouve à côté de la bonde, elle doit donc être remontée par les canalisations. CQFD. Des amis pourraient lui faire remarquer qu'il y a un tube en U – l'araignée se noierait en essayant de le traverser. « Elle doit mettre des bouteilles de plongée », répond le scientifique naïf.)

La peur est un compagnon de tous les instants, sous une forme ou une autre :

- ***Quand vous n'avez pas d'argent, le problème c'est la nourriture***
- ***Quand vous avez de l'argent, le problème c'est le sexe***
- ***Quand vous avez les deux, le problème c'est la santé***
- ***Si tout va bien, vous avez peur de mourir***

(J. P. Donleavy, auteur irlandais, né en 1926)

Comme Donleavy, la plupart d'entre nous ressent une peur légère mais permanente. Cette peur n'a pas d'objet; c'est juste un sentiment diffus de malaise. Le cortex cherche automatiquement quelque chose à laquelle l'associer. En tant que scientifique naïf, il reliera l'angoisse à ce qu'il a à l'esprit à ce moment-là, que cela soit la nourriture, le sexe, la santé ou la mort.

Ça marche un peu à l'envers : nous croyons que c'est l'esprit qui contrôle les émotions, et pas l'inverse.

En 1962, Schacter et Wheeler ont testé cette hypothèse avec une expérience [1] : ils ont injecté de l'adrénaline ou de la chlorpromazine (qui inhibe l'excitation) aux participants et leur ont demandé de regarder une comédie. Ceux qui avaient reçu de l'adrénaline ont ri aux éclats, alors que ceux qui avaient reçu de la chlorpromazine sont restés de marbre. Les personnes auxquelles on avait injecté de l'adrénaline ont déclaré avoir trouvé le film hilarant, mais les personnes auxquelles on avait injecté de la chlorpromazine ne comprenaient pas en quoi le film était drôle. Leur vision du film était dictée par leurs hormones. Ce n'est donc pas l'esprit qui commande aux hormones; il est content de les laisser le guider.

Une nouvelle est une mauvaise nouvelle

On recense en général six catégories d'émotions : la surprise, la joie, le dégoût, la peur, la colère et la tristesse. Quatre de ces six émotions sont déplaisantes, il n'est donc pas surprenant que nous passions notre vie à nous préoccuper de choses négatives. Notre cerveau a largement assez de peurs pour s'occuper; il n'a pas besoin de perdre son temps avec les bonnes choses. Il se concentre sur les problèmes. Les journaux télévisés ne décrivent quasiment que des catastrophes. S'ils ne donnaient que des bonnes nouvelles du monde, ils seraient peut-être plus agréables, mais également très, très, très longs.

Le meilleur moyen d'être en retard, c'est de se dire qu'on a le temps

Sans une impulsion émotionnelle, une tâche aura tendance à traîner en bas de la pile des choses urgentes à faire. Quoi qu'en dise votre cortex sur le fait de se donner suffisamment de temps pour

faire le travail et d'éviter les bousculades de dernière minute, il restera les bras croisés jusqu'à une semaine avant l'échéance, quand la panique finira par s'emparer de vous. Qu'est-ce qui peut mieux pousser l'amygdale à jouer de la cravache qu'une date butoir ? Une amygdale bien entraînée fera remonter des souvenirs de queues au bureau du chômage, d'amis perdus, d'expulsion et de famine, et vous gardera, vous et votre cortex, éveillés toutes les nuits de la semaine qu'il vous reste. Et vous constaterez alors à quel point cette loi est vraie :

Il faut 90 pour cent des efforts pour faire les 90 premiers pour cent du travail. Et il faut 90 pour cent des efforts pour faire les 10 derniers pour cent du travail

(*Arthur Bloch,* Murphy's Law, *1977*)

L'amoûûûr

Murphy aime l'Amour; il nous fait tous marcher. Le sexe est tellement nécessaire. Un papillon mâle parcourra des kilomètres et cherchera pendant des heures si une seule molécule de phéromone femelle a touché ses antennes. Mais l'acte sexuel n'est pas indispensable, ni pour les insectes, ni pour les humains. Les femelles, de celle de la mouche du vinaigre à celle d'un buveur de vin, ont tendance à faire leur sélection, obligeant les mâles à subir des tortures, à effectuer des parades et des danses avant de les autoriser à copuler.

Quand le pénis se dresse, le cerveau sort par la fenêtre

(proverbe chinois)

Qu'arrive-t-il à notre cerveau ? En 2001, les professeurs Semir Zeki et Andreas Bartels [2] ont recruté des volontaires qui étaient « complètement et follement » amoureux. Ils ont étudié le cerveau de ces volontaires lorsqu'on leur montrait des photos de leur bien-aimé(e). Les résultats ont montré ce qui se passe là-haut quand on tombe amoureux. L'insula, une région riche en neurones et reliée à toutes les zones sensorielles du cerveau, devient très active, tout comme la circonvolution antérieure, comme c'est également le cas après l'absorption de drogues euphorisantes. Les centres du plaisir dans les noyaux gris centraux sont également activés. La réduction d'activité dans la zone du cortex cingulaire postérieur crée un sentiment d'euphorie. Les hormones du cocktail ? De la dopamine, de la phényléthylamine, de la testostérone, de la sérotonine, de l'œstrogène, de l'ocytocine, des phéromones… Pas étonnant que l'amour rende un peu dingue. Tout ça pour faire naître la génération suivante.

La plupart des femmes ont besoin de moins de lumière pour choisir un mari qu'une voiture

(Anonyme, États-Unis, vingtième siècle)

Une fois que vous avez fait votre choix, vous ne voulez pas revenir sur votre décision. Dans le domaine de l'amour, très chargé du point de vue émotionnel, un tableau, une fois peint, ne doit pas être terni par la réalité. Non seulement votre esprit voit ce qu'il veut voir, mais il évite de voir ce qu'il ne veut pas voir. L'amour est aveugle; on l'aveugle en fait délibérément. Les lumières sont tamisées, et il y a de la musique sensuelle, des parfums, des mets exotiques et des boissons intéressantes.

L'Amour regarde avec l'esprit et pas avec les yeux, ce qui rend Cupidon aveugle

(William Shakespeare, 1564-1616; Songe d'une nuit d'été, *1595)*

Quand elle voit son regard plein d'amour, que voit-elle exactement ? J'ai bien peur que la vision de l'amour dans un restaurant sombre relève un peu de l'illusion. Un des effets de la passion est de dilater les pupilles. Un « regard plein d'amour » est un regard avec de grandes pupilles sombres (comme tous les peintres vous le diront). Dans un restaurant sombre, les pupilles s'adaptent à l'obscurité en se dilatant. Bingo ! Le « regard plein d'amour » arrive en un clin d'œil, pour ainsi dire.

Que se passe-t-il si cet amour n'est pas réciproque ? Comment guérir les affres d'un amour non partagé ? Wendy Cope nous donne une réponse dans un poème intitulé « Deux remèdes à l'Amour » :

- Ne le voyez pas. Ne l'appelez pas et ne lui écrivez pas.
- La solution facile : essayez de mieux le connaître.

Le cœur a ses raisons que la raison ne connaît pas

(Blaise Pascal, mathématicien et philosophe français, 1623-1662; Pensées, *1670)*

Pour les volontaires aux montagnes russes de l'amour, une alternative – d'une efficacité surprenante – à un restaurant intimiste, ce sont les vraies montagnes russes. Des anecdotes montrent que l'amour peut naître dans la tourmente d'un tour de manège.

« L'amour vous garde jeune », dit un jour quelqu'un d'âgé. Les citations qui suivent ne prendront jamais une ride car, même si nous hochons la tête avec sagesse en disant : « Comme c'est vrai » et « Amen », nous les oublions et nous replongeons aussi souvent que nous pouvons.

- **Une femme sans homme, c'est comme un poisson rouge sans vélo.** *(slogan féministe, années 1970)*
- **Un homme sans femme, c'est comme une nuque sans torticolis.** *(vu sur un autocollant, années 1980)*
- **Les hommes, on ne peut pas vivre avec, mais on ne peut pas vivre sans.** *(anonyme)*
- **Un second mariage marque le triomphe de l'espoir sur l'expérience.** *(Samuel Johnson, auteur, critique et lexicographe anglais, 1709-1784)*
- **Un célibataire, c'est quelqu'un qui ne fait jamais une fois la même erreur.** *(anonyme)*
- **Pour qu'un mariage marche, il faut tomber amoureux plusieurs fois, mais de la même personne.** *(Mignon McLaughlin, journaliste américain, né en 1915)*

Est-ce un autre exemple d'une mauvaise lecture des émotions par l'esprit ?

En 1974, Dutton et Aron [3] ont montré les illusions qui peuvent se produire lorsque les sens sont un peu excités. Le Canyon de Capilano en Colombie Britannique au Canada est très connu pour son pont en corde, long de 200 mètres. Un jour, une belle scientifique alla à la rencontre des touristes hommes du canyon, et leur posa des questions, soi-disant sur l'influence du paysage sur la créativité. On leur demanda ensuite ce qu'ils avaient pensé de cette enquêtrice. Certains avaient été approchés sur le pont de corde instable. Ils étaient bien sûr dans un état d'« excitation », car ils avaient peur, mais il semble que cela ait influencé leur opinion au sujet de la femme : les hommes qui étaient sur le pont ont trouvé cette femme plus attirante que les autres hommes, qui étaient restés sur la terre ferme. Il semblerait donc que les sens peuvent se laisser berner. On peut confondre le frisson de la peur et celui de l'amour.

Nous voilà donc, vouant un culte à notre idole. Il/elle est parfait(e), cela ne fait aucun doute. Mais revenons à nous. Sommes-nous suffisamment parfait(e) pour notre partenaire ? Regardons-nous dans le miroir… Beurk ! C'est quoi, la chose qui nous regarde ? Aucun doute, je n'étais pas si gros(se) hier…

Les chapitres qui précèdent doivent vous avoir préparé(e) à ce face-à-face avec votre miroir. Voici la preuve qui confirme que nous voyons ce que nous voulons voir et que l'on a aucune idée de ce qu'il y a vraiment. Parfois, quand on regarde dans notre miroir, on y voit une créature de rêve ou un éphèbe, splendide, svelte et plein(e) d'allure; et, parfois, c'est une créature hideuse qui nous regarde. Cela dépend de nos émotions du jour.

Et, pendant que l'on laisse libre cours à nos pires critiques sur le reflet du miroir, nous oublions notre intelligence, notre vivacité d'esprit, notre humanité et notre générosité. Il y a des choses plus importantes. Pour Elle, c'est…

Juste avant un rendez-vous très important, un bouton nous pousse sur le nez

Et, pour Lui, c'est…

Quel que soit le soin qu'on mette à se peigner, il y a toujours un cheveu qui dépasse

Nous nous laissons obséder par des petits détails que notre bien-aimé(e) ne remarquera jamais, car il/elle est trop obsédé(e) par ses propres petits détails. Il est convaincu de s'être découvert un cheveu blanc, alors que les rides qu'elle a sous les yeux la désespèrent et qu'elle essaie de les faire disparaître à grands coups de crème anti-âge. Mon Dieu, ils n'ont que dix-sept ans !

La colère

Les passions font de bons serviteurs mais de mauvais maîtres

(Roger L'Estrange, Fables d'Ésope, *1962)*

L'amygdale tire son nom du mot latin pour « amande ». Quiconque a déjà piqué une énorme colère (c'est-à-dire chacun d'entre nous) sait combien elle peut nous rendre fous.

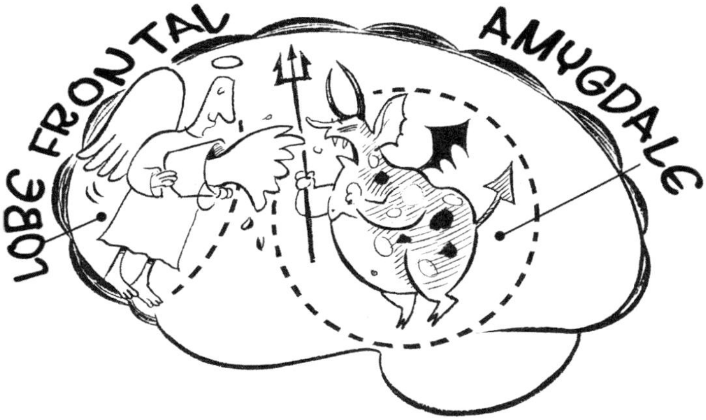

Nous ressemblons parfois à nos ancêtres, les singes, lorsque nous adoptons des expressions simiesques agressives. Par contre, nos lobes frontaux peuvent nous ramener à l'humanité. Le lien entre les deux est très important. Quand notre esprit s'échauffe, le lobe frontal peut lui dire de se calmer. Comparés à l'amygdale, les lobes frontaux sont une acquisition récente dans l'évolution, ils n'ont qu'un million et demi d'années. L'influence modératrice qu'ils exercent sur l'amygdale, beaucoup plus vieille, rend possible l'existence de notre environnement moderne – les villes, la démocratie, le fait de vivre les uns sur les autres, de l'accepter et de sourire.

La colère rend les hommes lents intelligents, mais les laisse dans la pauvreté

(Francis Bacon, scientifique et courtisan de la reine Elizabeth)

La colère s'exprime par les sons. Lorsqu'ils sont stimulés, les chimpanzés émettent des cris aigus dans la jungle pour prévenir leurs ennemis. Les rages de l'Homme moderne ne sont en général pas plus distinguées : les querelles de rue ne vont pas de pair avec des remarques cinglantes, mais des cris et des jurons. Dans des cercles plus raffinés, la colère peut s'exprimer par des feux d'artifice verbaux de la plus haute facture. Mais une insulte est une insulte, aussi brillante soit-elle. Quel dommage que ces envolées de notre sens de la repartie puissent ruiner notre carrière professionnelle (voir également « *l'esprit d'escalier* », p. 114)

Parlez quand vous êtes en colère et vous ferez un discours que vous regretterez pendant longtemps

(Ambrose Pierce, auteur et critique américain, 1842-1914)

L'amygdale, échauffée par la passion et parée au combat, est liée aux lobes frontaux, qui estiment qu'il faut savoir perdre une bataille pour gagner la guerre. Les paroles des sages sur la modération proviennent de leurs lobes frontaux. En Corée, on dit que, si vous donnez un coup de pied dans un caillou parce que vous êtes en colère, c'est votre pied que vous blessez. Bouddha a dit : « Ressentir de la colère, c'est comme attraper un tison pour le lancer sur quelqu'un : c'est vous qui vous brûlez. » En Allemagne, on dit : « Exprimez votre colère dans une lettre mais ne l'envoyez pas. »

On voit trop souvent « rouge », sous l'emprise d'une force que l'on ne contrôle pas. L'hébétement qui suit une action très courageuse ou très stupide (« Que s'est-il passé ? Où suis-je ? Je ne voyais plus rien. ») montre les effets dévastateurs de l'amygdale. Le but de l'amygdale est de vous sauver la vie en cas d'urgence. Les forces qu'elle dirige sont phénoménales et son autorité est totale. Elle vous prépare aux actions héroïques, fait taire votre douleur, met vos sens en éveil et accélère votre cerveau, pour que vous puissiez prendre de multiples décisions plus rapidement que jamais auparavant (si rapidement que, pendant une crise, le monde extérieur vous semblera ralentir). Mais ces décisions sont adaptées à un monde préhistorique et pas aux attentes mesurées, urbaines et courtoises d'aujourd'hui. C'est ainsi que l'on peut commettre des crimes passionnels. La loi permet de plaider la « démence passagère » pour expliquer les horreurs qui peuvent se produire lorsque les lobes frontaux perdent le contrôle.

Il est difficile d'atteindre un équilibre. D'un côté, on admire la bravoure. Jean Paul Richter a dit : « Un homme craintif a peur avant le danger, un lâche pendant le danger et un courageux après ».

Mais cette rapidité de réaction, qui permet les actes héroïques, peut également entraîner des tragédies. Des images des cerveaux de 41 criminels reconnus [4] ont montré que l'activité de leurs lobes frontaux était réduite. Ces gens ont tué car leurs lobes frontaux ne pouvaient pas contrôler leur amygdale. Lorsque leurs lobes frontaux sont entrés en action, il était déjà trop tard.

La patience, c'est ce que vous admirez chez le conducteur qui vous suit et méprisez chez celui qui vous précède

(Mac McCleary)

L'agressivité au volant, l'agressivité au supermarché, tous les types d'agressivité qui vous font hérisser les poils sont des manifestations de votre héritage paléolithique. Les contacts sociaux permettent d'entraîner les lobes frontaux au contrôle de l'amygdale. Pour la plupart d'entre nous, les neuf dixièmes de la socialisation se font à l'école et au sein de la famille. À la maison, on apprend à différer les récompenses et à utiliser la raison plutôt que les larmes pour obtenir ce que l'on veut. À l'école, le respect mutuel et la coopération avec les professeurs sont si essentiels qu'ils ne sont même pas mentionnés dans les programmes scolaires.

Il existe de nombreux exemples de ce qui arrive lorsque l'entraînement n'est pas suffisant. Les enfants rescapés des terribles orphelinats roumains dans les années 1980 se comportaient comme s'ils n'avaient aucun contrôle sur leurs émotions. L'environnement qu'ils avaient connu depuis leur naissance était déshumanisé : ils étaient seulement logés et nourris mais littéralement livrés à eux-mêmes. Le chemin entre leurs lobes frontaux et leur amygdale était vierge. Danya Glaser [5], qui a étudié les orphelins adoptés par des familles américaines, a noté que, bien que leurs capacités sociales progressaient petit à petit, plus ils avaient passé de temps dans des institutions et plus ils mettaient de temps à maîtriser leurs émotions, qui pouvaient passer de l'amour à la haine en quelques secondes. Comme le reste, le contrôle émotionnel s'obtient grâce à l'entraînement.

Les mots qu'un homme ne peut jamais prononcer sans mettre sa vie en danger : « Est-ce que tu aurais tes règles, par hasard ? »

Le syndrome prémenstruel (SPM) est dû aux hormones, qui déplacent les repères émotionnels et mettent le cerveau hors-jeu. Le taux de sérotonine change (on a établi un lien entre la baisse du niveau de sérotonine et la dépression), de même que celui de l'acide gamma-

-aminobutyrique (GABA) – qui est associé à l'angoisse – et celui des endorphines, des neurotransmetteurs qui modifient le seuil de la douleur. En résumé, les émotions sont sens dessus dessous, et le cerveau n'en est souvent pas conscient. Si les lobes frontaux ne peuvent pas s'adapter à ce nouvel état émotionnel, ce dernier peut faire entrer une femme dans une furie totalement inattendue.

Le SPM a été considéré comme une circonstance atténuante dans plusieurs procès, lors d'un procès célèbre qui s'est déroulé en 1980 [6], par exemple. À cette époque, Sandie Craddock avait déjà eu plusieurs fois maille à partir avec la justice. Elle avait été arrêtée pour vol, incendie volontaire et agression. Mais, en 1980, elle a tué l'un de ses collègues de travail; cette fois, elle était donc jugée pour meurtre. La police a découvert qu'elle avait tenu un journal et, au procès, un médecin a remarqué que ses actes criminels s'étaient produits tous les 29 jours. Elle a été déclarée coupable d'homicide volontaire et les jurés ont reconnu un état de démence passagère lié à son syndrome prémenstruel.

Vous trouvez la bonne réplique au moment où vous fermez la porte

C'est ce que l'on appelle l'« esprit d'escalier », en référence à l'expérience commune qui veut que c'est lorsque l'on descend les escaliers et que l'on entend la porte qui se ferme que l'on compose la brillante remarque cinglante qui aurait mis fin à la dispute si on y avait pensé dix secondes plus tôt.

Si c'est votre amygdale qui avait encore le pouvoir aujourd'hui, vous auriez réagi comme vos ancêtres les plus lointains : vous auriez crié, mordu et fait voler les meubles. Le vainqueur de cette dispute aurait été facile à reconnaître – le survivant. À l'opposé, si vous aviez complètement ignoré votre amygdale, vous auriez semblé morne et désintéressé(e). La difficulté consiste à trouver l'équilibre entre la bataille rangée et le papotage.

Aujourd'hui, la capacité à remporter une dispute n'a plus rien à voir avec la violence, mais pas tellement plus à voir avec la vérité, la justice ou un discours sensé. Elle est plutôt liée à la pratique des disputes. C'est un art, comme le piano. Il faut apprendre la rhétorique, les figures de style et les remarques cinglantes, et les répéter plusieurs fois avant de pouvoir mettre quelqu'un KO.

Cet art atteint son apogée dans les tribunaux. Ce qu'on demande à l'avocat lorsqu'on l'engage, c'est de remporter l'affaire, pas de faire triompher la justice. Ils agrémentent leurs compétences rhétoriques de soupçons de passion, gardant leur amygdale sous contrôle rapproché.

C'est un équilibre difficile. Sans passion, l'équité et la justice auraient une chance de l'emporter. Mais, sans passion, il n'y aurait pas de désir de justice au départ.

Si vos parents vous crient dessus, c'est parce qu'ils ont tort

S'ils ne vous crient pas dessus, c'est parce que vous avez raison

(Why the World is Wonky)

Embauchez un adolescent car il sait tout

(Panneau dans un restaurant, Banbury, Angleterre)

Quand un enfant grandit et devient adulte, ses parents rapetissent et deviennent vieux jeu. Physiquement, quand un(e) jeune grandit, ses parents paraissent rapetisser. Des changements aussi importants, bien que moins visibles, se produisent dans son cerveau. Le paysage hormonal est bouleversé, et le contrôle des lobes frontaux est essentiel.

Et c'est là qu'il y a un gros problème. Des images obtenues par IRMf (voir l'Annexe 2, p. 253) de cerveaux en développement ont montré que la maturation était plus lente que l'on ne pensait. Ces études [7] ne se concentraient pas sur les nerfs, mais sur leur isolation. Entre 14 et 25 ans, une couche lipidique de myéline enveloppe progressivement tous les neurones du cerveau, les rendant plus efficaces, comme l'isolation d'un fil électrique améliore sa conductivité. Les dernières zones où se développe cette gaine de myéline sont les lobes frontaux, autour de l'âge de 25 ans. Pas étonnant que les jeunes adultes soient anxieux à propos de leurs réactions. La testostérone et l'œstrogène tourbillonnent dans tous les sens, mais les lobes frontaux ne sont pas encore capables de maîtriser ce déchaînement d'hormones. Les jeunes ont donc atteint la maturité en ce qui concerne les passions mais leurs capacités à les maîtriser restent enfantines.

Mark Twain a réfléchi à la question : « Quand j'avais 14 ans, mon père était tellement ignorant que je supportais à peine sa présence. Mais, quand j'ai eu 21 ans, j'ai été étonné de voir combien il avait appris en 7 ans ».

Éviter les émotions

Les gens ne pensent jamais ce qu'ils disent et ne disent jamais ce qu'ils pensent

Une utilisation mesurée du langage permet de supprimer la charge émotionnelle d'une confrontation en évitant de contrarier l'amygdale. Au Parlement anglais, par exemple, il existe des règles strictes sur l'utilisation de termes incendiaires comme « goujat », « mouchard », « gamin des rues », « meurtrier », « salaud », « blanc-bec impertinent », qui feraient frôler l'apoplexie aux membres honorables et feraient désordre sur les procès-verbaux des débats.

Les journalistes obligés d'écrire les louanges de quelqu'un qu'ils n'aiment pas trouveront les mots pour communiquer la bonne émotion aux bonnes oreilles, en évitant de déranger les mauvaises. John Leo, dans son livre *Journalism for the Lay Reader*, nous donne les vraies significations des termes « mesure ses paroles » (terne), « loyal » (stupide), « noble » (incompétent), « travailleur » (rabat-joie), « a réussi seul » (malhonnête) et « pragmatique » (totalement immoral).

Les mots peuvent prendre une signification inattendue. Un « crétin » est un idiot. Eh bien non, ce terme servait originellement à décrire une maladie, et a été galvaudé par l'usage. Par égard pour les personnes que ce terme décrivait au départ, on les qualifie maintenant d'« hypothyroïdiens congénitaux ». Espérons que le terme « crétin » tombera en désuétude.

En 1866, le Dr John Down décrivit un groupe d'enfants attardés dans un asile qui, selon lui, ressemblaient beaucoup aux Mongols. Cela allait dans le sens de la croyance anglaise selon laquelle les Orientaux étaient arriérés, c'est pourquoi le terme « mongolien » fut utilisé. Un siècle plus tard, les médecins commencèrent à comprendre que ce terme n'était pas très respectueux envers les Mongols et qu'il était offensant pour les personnes souffrant de ce syndrome, et ils adoptèrent le terme plus respectueux de « syndrome de Down ».

Lors d'une catastrophe, une formulation prudente peut être contre-productive. Les ingénieurs qui doivent écrire un « rapport d'erreur », qui dresse la liste de ce qui peut mal se passer et des conséquences que cela peut avoir, devraient être francs et ouverts, mais ils ont tendance à ne pas se mouiller, en disant :

« augmentation incontrôlée de la température » au lieu d'« incendie »

« perte inattendue de contenu » au lieu d'« éclatement »

« division rapide et spontanée » au lieu d'« explosion »

« décélération destructive » au lieu d'« accident »

À chaque nouvelle aventure militaire, nous sommes habitués à entendre des termes aseptisés comme « dommage collatéral », qui signifie « mort de civils », « purification ethnique », qui signifie « génocide » ou « tirs amis », terme qui désigne précisément l'inverse.

La mort d'une personne est une tragédie ; la mort de 5 000 personnes est une statistique

(Joseph Staline, dictateur soviétique, 1879-1953)

Staline résume notre problème. Les humains modernes doivent manipuler des nombres très grands, alors que nos ancêtres primitifs n'avaient que trois nombres : 1 – 2 – beaucoup (voir p. 196). Pour Staline (un homme assez proche de son côté primitif), un nombre supérieur à 2 était trop difficile à saisir, et donc trop petit pour susciter une émotion. On peut s'insurger contre le cynisme froid de Staline, mais nous ne devons pas perdre de vue combien il nous est difficile de nous sentir concernés par les tragédies humaines. Notre compassion n'augmente pas avec l'ampleur de la tragédie, mais elle semble plutôt baisser rapidement. Des mendiants dans la rue à la résorption de la famine, les appels récurrents à la générosité créent un « essoufflement de la compassion ». Les organisations caritatives doivent dépenser beaucoup d'argent dans des campagnes de communication pour continuer à récolter des fonds.

Il est facile de critiquer Staline – il a organisé la mort d'au moins 20 millions de ses concitoyens entre 1924 et 1953 – mais nous apportons tous notre pierre à l'édifice des problèmes de ce monde. Les demandes en bois des pays occidentaux entraînent la déforestation des pays pauvres. L'abattage des arbres déstabilise les sols, qui deviennent vulnérables aux inondations et aux avalanches, qui sont la cause de nombreuses catastrophes humaines que l'on voit à la télévision. Après ces catastrophes, après le départ des caméras occidentales, les gens se retrouvent sans terres cultivables, et donc sans agriculture. Mais tout cela se passe si loin d'ici…

Plus une catastrophe est éloignée géographiquement, et plus il faut qu'elle fasse de morts et de blessés pour qu'elle soit relayée

(Loi de Fuller du journalisme)

Les cerveaux du futur, s'ils évoluent de façon phénoménale, seront capables de penser de façon globale – de comprendre les effets qu'une action dans un pays peut avoir sur les habitants d'un autre pays. Pour le moment, notre brillante technologie est en avance sur notre maturité émotionnelle, et nous nous retrouvons dans la position inconfortable de pouvoir agir à grande échelle tout en n'étant capables de penser qu'à petite échelle.

Le temps guérit toutes les blessures

(Geoffroy Chaucer, auteur anglais, 1343-1400; Troilus et Cressida, *1385)*

Une autre façon de supprimer les émotions de nos vies, c'est de laisser le temps faire son œuvre. Pour nos vies émotionnelles, il est aussi important d'oublier que de se souvenir. Si nous nous rappelions tous les effrois, les terreurs, et les peurs de notre vie aussi fortement que la première fois qu'on les a ressentis, nous serions noyés par l'adrénaline. Malheureusement, certaines blessures ne guérissent pas. Des souvenirs d'événements traumatisants peuvent continuer à nous hanter pendant des décennies. Des scientifiques cherchent le moyen d'aider ce processus de guérison.

En 2002, Beat Lutz de l'Institut Max Planck de Psychiatrie à Munich a découvert que le récepteur CB1 du cerveau, un des récepteurs des substances contenues dans le cannabis, aidait à oublier les traumatismes passés [8]. Jusqu'ici, ces études ont été confirmées sur des rats, mais les scientifiques espèrent pousser ces recherches plus loin. Selon eux, ces recherches pourraient déboucher sur un traitement des états de stress post-traumatique, l'incapacité à mettre fin aux souvenirs persistants des victimes de tragédies ou d'anciens combattants.

En regardant autour de soi, on pourrait se dire que le grand public a déjà effectué ses propres recherches – l'augmentation de la consommation de cannabis aux États-Unis après le début de la guerre du Vietnam au milieu des années 1960, en particulier chez les vétérans de cette guerre, suggère que certaines personnes étaient en avance sur les scientifiques.

Le monde de la publicité est prêt à tout pour jouer avec vos émotions. S'il y arrive, c'est qu'il a réussi à vous amadouer avec les émotions : les agents immobiliers jouent sur l'amour, si l'on peut dire, les agents d'assurances misent plutôt sur la peur et les partis politiques encouragent la colère.

Tout a l'air utile jusqu'à ce qu'on l'achète

Comment cette chose inutile, informe, horrible et sans valeur a-t-elle réussi à pénétrer dans votre salon ? Vous l'avez achetée ? Comment avez-vous pu être aussi bête ?!?

Voici comment : la publicité s'adresse au scientifique naïf en nous en associant ce qu'elle veut nous vendre à un objet lié à une émotion, la fierté, le pouvoir ou l'amour, par exemple. Quand deux choses se produisent simultanément, elles sont liées. Pavlov l'a montré il y a 100 ans avec ses travaux sur les chiens et les réflexes conditionnés. On nourrit un chien et on fait sonner une cloche au même moment. Au bout de quelques essais, lorsque l'on fait sonner la cloche, le chien se met à chercher de la nourriture. Cela marche aussi pour les humains. Vous mettez un top-model en bikini à côté d'une voiture; les hommes achètent la voiture et ils passent les deux jours suivants à chercher la fille dans la boîte à gants. Associez deux émotions et la réponse est automatique. Des personnalités, du placement de produit et une voix off rassurante. Au bout de cinq minutes, vous êtes accroché(e). Ce n'est qu'une fois que vos émotions ont diminué que vous réalisez que vous venez de vous faire avoir.

Objectivité

Dans de nombreuses lois de Murphy, on ne crie pas, impuissant(e), sur des gens, mais sur des choses. Nous avons une incroyable tendance à l'animisme, l'action qui consiste à attribuer une personnalité aux objets inanimés. Et, avec la personnalité, viennent les émotions, les intentions et les motivations. En 1944, deux chercheurs du nom de Heider et Simmel ont réalisé un film montrant deux triangles et un cercle qui se déplaçaient autour d'un carré, en sortaient et y rentraient [9]. Les gens qui regardaient le film construisaient des scénarios compliqués d'amour et de rivalité entre les triangles, qui se disputaient les faveurs du cercle.

Nous savons que nous avons naturellement tendance à l'animisme. Jean Piaget, psychologue pour enfants, a constaté des cas d'animisme chez les enfants – lorsqu'ils tapaient la table sur laquelle ils venaient de se cogner, lorsqu'ils disaient à une pierre de ne pas faire mal au jardin en tombant dessus, ou lorsqu'ils demandaient à une planche dans laquelle ils perçaient un trou de ne pas pleurer. Cet instinct devrait disparaître avec l'entraînement, lorsque nous grandissons. Mais non, il est toujours là. On appelle une voiture ou la mort « elle ». La mort n'est pas un événement neutre, « elle vient nous chercher ». Nous pensons que les choses sont actives et qu'elles travaillent pour nous ou contre nous. Surtout contre nous.

L'animisme marche main dans la main avec la science naïve, un peu comme Laurel et Hardy.

Ne faites jamais savoir à un ordinateur combien vous êtes pressé(e)

L'animisme nous fait attribuer des propriétés animales – humaines, même – à tout, en particulier à ces satanés ordinateurs, qui savent exactement à quel moment vous allez sauver vos fichiers, et décident de planter une microseconde avant. Comme Scott Adams, le créateur de Dilbert, le fait remarquer, les merveilles technologiques comme les ordinateurs ont été créées par des génies, puis confiées à des idiots comme vous et moi, qui passent leur temps à se débattre avec.

L'Homme post-paléolithique, avec sa science naïve et son cerveau préprogrammé pour l'animisme, ne peut que se mettre à danser autour de la géniale création qui vient de planter sans raison en hurlant : « Quoi ?!?!? Comment peux-tu me faire çaaaaaaaaaaaaaa !!!!! Rends-moi mes fichiers !! S'il te plaaaaaaaaaaaaît !!!! Je serai toujours gentil(le) avec toi si tu reviens comme avant, juste pour cette fois… »

Les objets se conduisent mieux quand on leur crie dessus

Les jurons marchent vraiment. Faites-en une bonne démonstration à une clé, un écrou et des freins de vélo, et ils s'assembleront en un rien de temps.

La psychologie des jurons reste inconnue. On dit qu'ils relâchent les tensions, mais il faudrait un projet de recherche pour comprendre comment, où et pourquoi. Tout comme le fait d'éternuer dégage les sinus, un juron soulage le cortex et lui permet de traiter la tâche en question plus efficacement. Cela serait cependant une erreur de dire que ce sont les insultes qui ont assemblé les pièces de votre vélo, car nous entrerions dans le domaine de l'animisme. Cela pourrait nous conduire à des conceptions erronées sur toutes sortes de choses.

Si vous décidez de marcher jusqu'au prochain arrêt de bus, le bus arrivera lorsque vous serez à mi-chemin entre les deux

Ce n'est pas ici que l'on dira que les bus sont innocents de tout péché. (Vous pouvez découvrir pourquoi les bus arrivent par trois à la page 207.) Nous nous intéressons ici à l'entêtement de ces créatures. Ils se cachent avec fourberie derrière les boîtes à lettres et attendent, attendent, jusqu'à ce que vous soyez exactement à mi-chemin entre les arrêts. Alors, ils vous dépassent en un éclair en sifflant joyeusement, avant de disparaître à l'horizon. L'animiste en vous prête une intention au bus et le scientifique naïf en vous conclut que c'est la méchanceté.

Le chapitre 8, qui traite de la science, décrira la vraie vie des objets inanimés (ou plus précisément, leur absence de vie); la tartine réalise double axel triple boucle piquée parfait pour atterrir sur le côté beurré; les chaussettes de votre placard tiennent un conseil secret pour savoir laquelle d'entre elles se portera disparue; lorsque vous voulez écrire un numéro de téléphone, l'encre jaillit de votre stylo, qui vous échappe des mains lorsque vous voulez saisir votre carnet, qui se vaporise juste au moment où vous alliez l'attraper; le gant gauche qu'il vous manque se moque tranquillement de vous, sous les coussins de votre canapé, alors que vous le cherchez dans le placard, et ainsi de suite…

Quel est le but de l'animisme ? Les petits chérubins qui soufflent sur les voiles des goélettes sur les vieilles cartes le montrent. Les adorateurs de la Nature et ceux qui aiment prendre les arbres dans leur bras le montrent. Basil Fawlty[1] le montre quand sa voiture cale : il la frappe avec une branche d'arbre pour la punir. Les anciens marins priaient pour avoir une météo favorable, comme si cela pouvait avoir une influence sur les systèmes météorologiques

1. Gérant de l'auberge « Fawlty Towers » dans la série du même nom, interprété par John Cleese. (N.D.T.)

bouillonnants et chaotiques. Ils auraient aussi bien pu envoyer quelques pièces d'or aux papillons de Patagonie pour qu'ils ne battent pas des ailes et créent une tempête dans l'Atlantique Nord. (Voyez le bulletin météo p. 205.) Les joueurs demandent à la Chance d'être de leur côté ce soir, en espérant que les cartes se mettront d'elles-mêmes dans le bon ordre.

L'animisme est inefficace. Il est inutile. De toute évidence, il ne procure aucun avantage du point de vue de l'évolution. Je pense que l'animisme, au même titre que l'arachnophobie, fait partie des oublis de l'évolution. C'est une hypertrophie de l'empathie humaine (voir les neurones miroir, p. 130). Notre capacité à lire les pensés des autres personnes s'étend à la lecture des pensées des objets, sauf que les objets n'ont pas de pensées.

Les objets inanimés se déplacent juste assez vite pour se mettre sur votre chemin

Dès que vous parlez de quelque chose, cela disparaît si c'est bien et se produit si c'est mal

Vous ne pouvez pas dévisser la dernière vis

Quoi que vous achetiez, cela tombe en panne le lendemain de l'expiration de la garantie

La Nature se range toujours du côté du vice caché

C'est quand une situation requiert toute votre attention qu'une distraction fascinante s'offre à vous

À l'intérieur de tout petit problème, il y a un grand problème qui ne demande qu'à sortir

La première cause des problèmes, ce sont les solutions

Révision du principe d'Archimède : quand un corps est immergé dans l'eau, on sonne à la porte

Lois de Gerrold de la dynamique infernale :

- ***Un objet en mouvement va toujours dans la mauvaise direction.***
- ***Un objet au repos se trouve toujours au mauvais endroit.***

(Toutes ces phrases sont tirées d'Arthur Bloch, Murphy's Law, *1977)*

Résumé

Nos émotions ne vont pas disparaître avec l'évolution. La prochaine étape de l'humanité n'est pas M. Spock de *Star Trek*, car une vie sans émotions est tout simplement impossible. Antonio Damasio [10] parle d'un patient, Elliot, à qui on avait retiré une tumeur maligne d'une zone avant du cerveau. Malheureusement, l'opération avait occasionné des lésions de certaines connexions entre ses

LES CINQ TYPES DE SCIENTIFIQUES : LE SAUVEUR DE L'HUMANITÉ, M. FAITES-MOI CONFIANCE, lobes frontaux et son amygdale. Sous plusieurs aspects, la guérison d'Elliot était complète. Sa mémoire était intacte. Son corps fonctionnait normalement. Il pouvait faire la plupart des choses. Le problème, c'est qu'il ne pouvait pas décider quoi faire. Comme rien ne lui semblait plus important qu'autre chose, Elliot pouvait passer ses journées à tergiverser, incapable de prendre la moindre décision. Sans impulsion émotionnelle de la part de l'amygdale, si petite soit-elle, il était à la dérive. L'amygdale guide nos préférences, lesquelles guident notre vie.

Le cas d'Elliot illustre l'importance des émotions dans notre vie. Mais on voit également qu'une journée « normale » comporte beaucoup de « bizarre » : être terrorisé(e) par la compagnie d'araignées inoffensives, tomber amoureux/se de la mauvaise personne, se mettre à haïr un objet inanimé. On peut se demander si les émotions n'en font pas un peu trop.

Pour la science la plus pure, les émotions sont une énorme pierre d'achoppement qui se dresse sur le chemin de la vérité. Le fait d'attribuer des motivations humaines à des objets nous empêche de voir comment ils fonctionnent. Les plus grands scientifiques,

LE SAVANT FOU, LE RAT DE LABORATOIRE, LE PROF TÊTE EN L'AIR...

semble-t-il, étaient et sont ceux qui ne s'intéressent qu'aux faits bruts. Henry Cavendish, un brillant scientifique anglais du XVIIe siècle, qui a fait des découvertes en avance d'un siècle sur son temps, portait des vêtements en retard d'un siècle sur son temps Il ne faisait que murmurer et fuyait la compagnie humaine. Il n'était vraiment pas intéressé par les humains. Il a pu avoir ces extraordinaires visions scientifiques car il évitait de s'impliquer émotionnellement dans le monde inanimé. Le pendant de cette capacité, c'était qu'il faisait la même chose avec les humains. Newton et Einstein avaient des traits similaires. Ils firent leurs découvertes car ils étaient en marge du monde émotionnel, et pouvaient voir les choses plus froidement.

Nous nous méfions de cette froideur. Le scientifique froid est quelque part dangereux. Comme Frankenstein ou Edward Teller, le père de la bombe H, il semble faire les choses parce qu'elles sont possibles, et pas pour le bien de l'humanité. La possibilité de faire des choses merveilleuses avec la science doit être encadrée par une compréhension émotionnelle des conséquences.

C'est dans de rares mais tragiques cas où l'amygdale a été complètement endommagée que l'on voit combien les émotions sont essentielles. Ces personnes perdent tout intérêt pour le monde extérieur. Un objet est interchangeable avec un autre – et les humains sont classés comme « objets » – car ils n'entraînent pas de réaction émotionnelle. Ils ne ressentent ni joie ni peine, ils n'ont pas de vie émotionnelle. Ils perdent leur intérêt pour la vie car la vie et la mort n'ont pas plus de sens l'une que l'autre.

Sans les émotions, nous ne sommes pas plus humains qu'une amibe. Même M. Spock, le Vulcain de *Star Trek* ne ressentant soi-disant aucune émotion, doit en avoir – et même beaucoup – sinon qu'est-ce qui le pousserait à avancer courageusement, semaine après semaine ? Mais, sans le contrôle des émotions, nous courrions le danger d'avancer non seulement courageusement, mais aussi imprudemment, et Murphy serait juste derrière nous.

L'opinion publique

En avons-nous fini avec notre puzzle ? Nous avons rassemblé les pièces, les avons assemblées et rempli les trous, mais ce n'est pas encore fini. Nous n'avons pas demandé l'avis de tout le monde. Malgré ce que vous pourriez penser de ce qui précède, votre propre vision du monde ne vaut rien comparée à celle des gens qui vous entourent.

IL EST DIFFICILE D'ALLER À CONTRE-COURANT.

Connaissez-vous des gens qui sont parfaitement dociles chez eux mais qui se transforment en bêtes de fête le vendredi soir, ou qui sont incontrôlables à la maison mais deviennent des anges lorsqu'ils ont de la compagnie ? Vous savez donc de quoi je parle. Ce chapitre étudie ce qui se passe lorsque nous sommes en groupe. Quel que soit, à notre avis, le noyau interne de notre moi profond, nous devenons une personne différente dans les fêtes, les réunions, avec des enfants, dans des manifestations politiques, aux matches de football, et même s'il n'y a qu'une personne dans la pièce. Nous avons un « moi » différent pour chacune de ces occasions. Lorsque l'on rentre dans un groupe, on perd son individualité. Comme nous allons le voir dans ce chapitre, une fois en groupe, nous prenons des décisions qu'aucune personne sensée ne prendrait si elle était seule. Les lois de Murphy sont les seules lois valables.

Les neurones miroir

L'unité d'échange dans les comportements de groupe est le neurone miroir. V. S. Ramachandran a prédit que « les neurones miroir feront pour la psychologie ce que l'ADN a fait pour la biologie ». Le phénomène des neurones miroir est réel, mesurable et remarquable à voir.

En 1998, Giacomo Rizzolatti découvrit, en utilisant l'IRMf sur des singes, que, lorsqu'un singe en regarde un autre qui essaye de résoudre un problème, son cerveau s'allume exactement de la même façon que celui du premier; il mime le raisonnement de l'autre quasiment neurone pour neurone [1]. Les conséquences sont incroyables. Les deux cerveaux sont enchaînés l'un à l'autre. L'apprentissage du singe X est instantanément transféré au singe Y, sans qu'il y ait de communication entre eux. Rien qu'en regardant le singe X, le singe Y peut maintenant refaire la même chose, ou peut-être procéder un peu différemment pour voir ce qui se produit, et le singe X peut regarder, apprendre, réfléchir et essayer une autre méthode; ils peuvent ainsi parvenir à la solution. Deux têtes valent décidément mieux qu'une quand les neurones miroir entrent en action.

Nous ne devrions pas être surpris par les facultés de lecture de pensée de ces singes. Après tout, leurs cerveaux sont construits avec les mêmes matériaux et sur le même modèle. Comme ils sont connectés de la même façon, ils fonctionnent de la même façon. Il devrait être relativement aisé pour l'un d'entre eux de « pirater » le cerveau de l'autre et de s'y sentir comme chez lui. Le cerveau humain a la même structure que celui des singes. Nous adorons regarder les singes au zoo car nous comprenons ce qu'ils sont capables de faire; nous pouvons lire dans leurs pensées. Pouvons-nous lire dans les pensées des dauphins ? Celles des chiens ? Les chiens peuvent-ils lire dans nos pensées ? Est-ce la raison pour laquelle ils savent quand nous allons nous promener ? Sommes-nous tous le miroir joyeux, plein d'empathie et multitâche les uns des autres ?

Nous utilisons incontestablement les neurones miroir entre nous. Appelez cela de l'« empathie », si vous voulez, mais, lorsque l'on sursaute quand on voit quelqu'un à qui une infirmière fait une piqûre, on ressent sa douleur. Quand le chagrin d'un personnage nous fait pleurer au cinéma, ce sont nos neurones miroir qui nous font pleurer. Une personne joviale dans un groupe rend le groupe joyeux. Un rabat-joie rend le groupe grognon.

On peut se refléter les uns les autres dès le plus jeune âge. Andy Meltzoff [2] a remarqué que des bébés âgés de quarante minutes pouvaient imiter l'expression qu'ils voyaient, en faisant des grimaces ou en tirant la langue, par exemple.

Il est facile d'accorder les esprits les uns avec les autres. La prochaine fois que vous serez dans le train ou dans le bus, bâillez; bientôt, la moitié du wagon bâillera de concert. Ils n'y peuvent rien, leur cerveau est enchaîné au vôtre.

Les neurones miroir sont à l'origine d'une importante loi de Murphy :

Rien ne marche quand des gens regardent

Cela fait deux semaines que vous répétez votre morceau de violon. Tout se passait bien quand vous étiez seul(e) mais, maintenant, en public, lorsque c'est vraiment important et que tout le monde vous regarde dans ce silence pesant, votre cerveau fond. La théorie des neurones miroir permet de l'expliquer.

Pour commencer, jouer d'un instrument de musique n'est pas facile. Plusieurs zones du cerveau interviennent pour coordonner les mouvements. Le cervelet s'occupe de l'essentiel : êtes-vous vertical(e) ? Savez-vous où sont vos doigts et vos pouces ? Le putamen contient les mouvements de doigts que vous connaissez déjà, l'hippocampe vous aide pour les nouvelles techniques, les zones sensorielles et motrices commandent les mouvements effectifs des muscles et le cortex frontal s'occupe de votre interprétation. Vos séances d'entraînement ont autant à voir avec la coordination de ces départements qu'avec le reste. Quand ils fonctionnent en douceur, vos doigts courent sur votre violon, sans même que vous sembliez y penser. En fait, il est essentiel que vous n'y pensiez pas, ou vous interrompriez leur dialogue. C'est ce que l'on appelle « être dans son monde », bien qu'il soit plus juste de dire « en dehors » car mieux vaut ne pas se mettre sur le chemin et laisser le cerveau faire tout ce qu'il a à faire.

L'arrivée du public change la donne. Votre sang-froid est perturbé par toutes sortes de pensées, en provenance de zones inattendues de votre cerveau : « Est-ce que je suis bien coiffé(e) ? J'espère que personne n'a remarqué mon bouton ! N'oublie pas de les saluer à la fin ! Zut, j'ai oublié d'aller aux toilettes ! »

De plus, la présence d'autres personnes dans la pièce fait ronronner vos neurones miroir : le public appréciera la musique « à travers vous ». Mais vous commencez également à écouter la pièce avec les oreilles des gens du public. Vos séances de répétition ne vous ont pas préparé(e) à cette agitation neuronale et, bien sûr, dès que vous devenez conscient(e) de cela, vous perdez votre coordination. Vous devez apprendre à faire face à ces pensées nouvelles et étranges pour aider votre cerveau à rester « dans son monde ».

Le meilleur remède à la timidité, c'est de répéter à plusieurs. De la même façon que vous êtes de plus en plus à l'aise sur une falaise à mesure que vous parcourez les chemins qui la bordent, répéter à plusieurs vous aide à être à l'aise en présence du public.

Les mèmes

Trente ans avant la découverte des neurones miroir, Richard Dawkins les avait présagés dans sa théorie des « mèmes ». L'auteur du livre *Le gène égoïste* proposa, dans le même livre, qu'il n'y avait pas que l'ADN qui se transmettait de génération en génération : ce que l'on a appris, les unités culturelles qu'il appela mèmes, ont également une vie propre. Comme les gènes, ils se répliquent et mutent; ceux qui sont adaptés survivent et se répandent, ceux qui sont inutiles disparaissent.

La théorie des mèmes explique la remarquable découverte qui fut faite sur l'île de Koshima en 1952 [3]. Pour étudier le singe japonais (*Macaca fuscata*), les scientifiques les attiraient hors de la forêt en laissant des patates douces sur la plage. Les singes aimaient le goût des patates douces, mais pas celui du sable. Imo, une femelle âgée de dix-huit mois trouva la solution à ce problème : elle lava les patates douces dans un cours d'eau voisin. Elle enseigna son astuce à sa mère. Ses congénères la regardèrent et apprirent, et enseignèrent ensuite à leur propre mère. Petit à petit, tous les singes apprirent cette technique. Quand un jeune singe en voit un vieux laver les patates douces, ses neurones miroir s'accordent sur ceux de l'autre, et la technique se grave instantanément dans sa mémoire.

Pour nous, les humains, la gamme de mèmes est vaste et s'étend bien au-delà du royaume du lavage de patates douces. Tout ce que l'on apprend et que l'on transmet à la génération suivante compte. À petite échelle, certaines phrases sont des mèmes : « Ne quittez pas », phrase que l'on utilise quand on est au téléphone, est un mème. À plus grande échelle, les coutumes sociales, les attitudes nationales et les religions sont des mèmes.

COMMENT SÉPARER LES CHAMPIGNONS COMESTIBLES DES VÉNÉNEUX.

Le premier humain à trouver un usage à des copeaux irréguliers de silex fut observé puis copié par son groupe. Cette idée s'est révélée suffisamment populaire pour inspirer son nom à une période d'un million d'années de l'Histoire : l'Âge de Pierre. Il y a quinze mille ans, un autre humain ou un autre groupe d'humains en Irak a tenté quelque chose de plus compliqué : se sédentariser plutôt que de parcourir les plaines. Ils ont planté des récoltes et domestiqué des animaux et, ce faisant, ont inventé l'agriculture. Les archéologues peuvent retracer le développement de l'agriculture : à partir de la Mésopotamie, elle s'est déplacée d'un kilomètre vers l'ouest par an, à mesure que chaque communauté imitait sa voisine, adoptait le mème et le transmettait.

Quelle est la différence entre un mème et un gène ? Manger des champignons est de l'ordre du « gène », car c'est lié à l'instinct de se nourrir. Savoir quels champignons manger est un mème, qui s'est développé pendant plusieurs centaines d'années. Beaucoup de gens sont morts en mangeant des champignons vénéneux. Ce mème a un coût, et il s'est transmis avec beaucoup de soin à chaque génération suivante.

Les mèmes sont aussi tenaces que s'ils étaient programmés génétiquement et, comme les gènes, ils laissent une trace bien après avoir muté. Une partie de votre ADN vous fait toujours avoir la chair de poule sur les bras, bien qu'une autre partie ait arrêté de faire pousser suffisamment de poils dessus. C'est du rebut génétique. Les boutons de manchette, une réminiscence de l'époque où on pouvait rouler ces manches, sont des rebuts de mème.

Bien sûr, pour transmettre un mème, il vous faut une foule de gens. Heureusement, on arrive toujours à en trouver une :

Quand vous partez en vacances, tout le monde en fait de même. Quand vous rentrez à la maison, tout le monde fait encore comme vous. Si vous vous levez à 4 h du matin pour éviter les embouteillages, tout le monde fait pareil

Il est ironique de constater que nous ne supportons pas la cohue mais que nous prévoyons nos fêtes ensemble. Par le passé, certains groupes de réflexion ont proposé d'échelonner Noël et Pâques sur

plusieurs jours pour éviter les foules. Imaginez l'accueil qu'a reçu leur idée. Non – il faut les fêter tous ensemble. Les humains sont comme ça. Nous sommes des animaux grégaires. Passer l'après-midi dans les bouchons parce que tout le monde veut aller dans le même centre commercial en même temps, nous adorons ça. Et nous adorons nous en plaindre. On pourrait nous donner une plage déserte en été rien que pour nous, tôt ou tard, nous finirions par courir le long de la plage pour trouver un endroit bondé de cachets d'aspirine et d'enfants qui crient et qui pleurent, et nous nous plairions à nous plaindre du manque d'intimité. Des chants de Noël aux grands événements sportifs, nous nous rassemblons à la moindre occasion. Et on en profite pour montrer et échanger nos mèmes…

Quand les gens font ce qu'ils veulent, ils font tous la même chose

(Eric Hoffer, auteur américain, 1902-1983;
The Passionate State of Mind, *1955)*

Aussi farfelues nos idées soient-elles lorsque nous sommes seul(e), elles convergent lorsque nous sommes en groupe. Dans une expérience inventive en 1937, Musafer Sherif [4] l'a montré en utilisant une illusion d'optique appelée **effet autokinétique**. Si vous êtes assis(e) dans une pièce sombre qui ne contient qu'un petit point lumineux, la lumière semblera bouger car, sans cadre de référence, notre cerveau est incapable de stabiliser l'image. Sherif mit plusieurs étudiants dans une pièce, et leur demanda de regarder la lumière. Il ne leur avait pas dit qu'elle était fixe. Ils pensaient tous la voir bouger. Pour chacun d'entre eux, la direction et l'amplitude du mouvement étaient bien sûr différentes, car tout se passait dans leur imagination. Mais, quand Sherif leur demanda de parler des mouvements du point, leurs rapports commencèrent à converger. Au bout d'un moment, ils affirmèrent tous l'avoir vu bouger de la même façon. En d'autres termes, ils ont coordonné leur imagination. Leurs cerveaux se sont alignés comme des oiseaux sur un fil.

Les mèmes expliquent le phénomène des modes vestimentaires. Nous pourrions tous nous habiller de façon radicalement différente mais, au lieu de cela, on regarde ce que tout le monde porte, et on met la même chose. James Laver, dans son ouvrage *Taste and Fashion* (1937), l'a résumé dans sa « loi universelle de la mode ». Voici la façon dont nous pensons tous :

Indécent : 10 ans d'avance sur son temps
Décomplexé : 5 ans d'avance sur son temps
Audacieux : 1 an d'avance sur son temps
Élégant : En phase avec son temps
Démodé : 1 an de retard sur son temps
Horrible : 10 ans de retard sur son temps
Ridicule : 20 ans de retard sur son temps
Drôle : 30 ans de retard sur son temps
Original : 50 ans de retard sur son temps
Charmant : 70 ans de retard sur son temps
Romantique : 100 ans de retard sur son temps
Beau : 150 ans de retard sur son temps

On permanente les cheveux raides et on défrise les cheveux bouclés

Il ne fait absolument aucun doute que, lorsque vous atteindrez l'âge de conformation aveugle aux tendances de la mode, la coiffure en vogue sera totalement à l'opposé de la vôtre. À une époque donnée, on ne peut avoir qu'un type de coiffure et, quel que soit le vôtre, ce n'est pas le bon.

La pression à suivre les tendances de la mode peut avoir des conséquences malheureuses, lorsque la mode des nombrils à l'air rencontre l'épidémie d'obésité, par exemple. Les lois de Murphy assurent que, à une période de l'histoire humaine où cacher son nombril serait une bonne idée, il faut le montrer. Les résultats sont souvent tragiques à voir, mais il n'y a rien qu'une jeune adolescente fière et indépendante ne ferait pas pour ressembler à ses congénères.

Il arrive que le mème de la mode se stabilise, parfois pendant des siècles. On le rebaptise alors « tradition », et elle nous offre parfois des visions étranges. En Angleterre, le garant de toute la sagesse et le gardien du système judiciaire national est un juge siégeant à la cour des Lords. Sobre et respectable, cet auguste sage doit s'habiller d'une façon qui, si l'on y réfléchit, ressemble un peu à celle de tante Dora, qui tient l'épicerie du coin, avec des bigoudis dans les cheveux et une robe de chambre. Mais changer cette « tradition » mettrait apparemment en péril les fondements de notre civilisation.

Quand les étudiants des États-Unis ou d'Angleterre reçoivent leur diplôme, ils sont supposés porter une planche de bois sur la tête pendant toute la journée. Ils pourraient, s'ils le voulaient, décider en masse que c'est une façon ridicule de promouvoir leur intelligence, mais le mème est fort, et le chapeau carré continue de sévir.

Les lois de Murphy dans les sociétés

Les mèmes sont omniprésents dans la « culture d'entreprise ». Toute entreprise, des restaurants McDonalds au constructeur d'automobiles Renault, a sa propre culture, qui reflète la nature de son dirigeant. Si vous voulez réussir chez Renault, il faut faire les choses à sa façon. La même règle s'applique sûrement si vous voulez réussir chez McDonalds. Mais qui faut-il admirer chez McDonalds ? L'entreprise est tellement grande qu'il ne doit pas être très facile de comprendre la McDonalds-attitude, et facile de se tromper. Pas de doute, les lois de Murphy sont là.

Dans les entreprises et les gouvernements, il existe une structure dont la tâche est de s'assurer que tout ce qui est fait préserve l'intégrité du groupe. C'est ce que l'on appelle un **comité**.

Les voies des entreprises sont impénétrables. On peut les comparer à une moisissure. On trouve un champignon, le *Dictyostelium*, sur les arbres qui pourrissent. Il est gluant car il est composé d'amibes qui glissent les unes sur les autres, qui mangent les bactéries du bois, qui coupent la poire en deux et s'arrêtent de temps en temps pour avoir une vie de famille, et qui recommencent à manger. Chaque amibe est indépendante, elle est son propre maître.

Mais, quand la nourriture vient à manquer, une chose étrange se produit. Un message chimique se répand dans la colonie et pousse les amibes à se tourner vers le centre, où elles forment une masse visqueuse et commencent à remonter le long du tronc. Chaque amibe, si on lui demandait, insisterait sur le fait qu'elle est toujours un individu à part entière. Mais, pour un observateur extérieur, il est clair qu'elle a une vocation plus large. Elle fait partie de l'« entreprise ». Au sein du corps gluant, elle a une mission particulière, selon l'endroit où elle se trouve. Si elle est à l'arrière, elle doit faire monter le groupe. Si, un peu plus tard, elle se retrouve à l'avant, elle doit faire appel à sa sensibilité – elle doit renifler et trouver le chemin à suivre. Quand la colonie est arrivée en haut du tronc, un autre changement l'attend. Elle forme un pédoncule. Au bout de ce pédoncule elle construit une nacelle, dans laquelle un petit groupe d'amibes s'installe. Lorsque le pédoncule flétrit et meurt, elle est emportée par le vent, qui la transporte ailleurs, où le cycle de la vie peut recommencer.

Une amibe en apparence indépendante peut donc faire partie d'une entreprise de moisissure et effectuer plusieurs manœuvres coordonnées et difficiles avant de rendre l'âme pour le bien de la colonie, en ayant assuré la survie de quelques-uns en haut de l'arbre. Ça vous rappelle quelque chose ?

Comité : un endroit où les bonnes idées viennent mourir

Selon la fable, la tâche d'un comité est d'encourager les idées nouvelles, bonnes et imaginatives à sortir de l'ombre où elles attendaient tranquillement. J. F. Kennedy a décrit un comité comme une réunion de « douze hommes faisant le travail d'un seul ». Milton Berle a dit : « … un groupe qui écrit des minutes mais perd des heures ». Arthur Golberg a dit : « Si Christophe Colomb avait eu un comité consultatif, il serait probablement encore à quai ». Pourquoi les comités ont-ils si mauvaise presse ?

Les comités font partie du système immunitaire d'une corporation. Les nouvelles idées sont toujours considérées comme dangereuses de prime abord, et traitées comme des virus en puissance, avec d'infinies précautions. Le comité agit comme un ganglion lymphatique, qui détecte les corps étrangers. Si la nouvelle idée semble s'accorder avec la culture de l'entreprise, elle est absorbée; sinon elle est remise à une réunion ultérieure, et ainsi de suite, jusqu'à ce qu'elle se fane et meure.

Dire que les comités sont des déserts spirituels serait stigmatiser les nombreux comités qui savent pourquoi ils existent et fonctionnent très bien. Cependant, quand un groupe n'a pas de but précis, il peut arriver qu'une idée brillante soit écartelée jusqu'à être horriblement mutilée avant de recevoir un budget.

Il peut sembler à la fois démocratique et terriblement frustrant que, dans un comité, aucun membre ne domine. Tout le monde remet à plus tard, est amical, impartial et soutient les autres et, au final, le groupe parvient à une réponse qui ne peut pas être la meilleure, mais qui est peut-être la moins pire.

Un comité est un groupe de gens qui ne peuvent rien décider par eux-mêmes, mais qui peuvent décider ensemble que l'on ne peut rien faire

(Fred Allen, animateur radio américain, 1894-1956)

Au cœur d'un comité, il existe le sentiment troublant que tout le monde guette le son d'une voix mystérieuse. Toutes les personnes autour de la table savent pertinemment que l'entreprise qui les a mis là où ils sont veut qu'ils parviennent à une conclusion certaine; mais elle ne la leur révèle pas et ne leur explique pas les critères sur laquelle elle est basée. Le comité joue donc au téléphone arabe avec un invité invisible et inaudible, le mème de l'équipe. Dans de nombreux cas, la croyance par défaut du comité est que la direction préférerait vraiment qu'il ne se produise rien de trop spectaculaire. Et c'est précisément ce qui arrive. La seule chose que le comité ne peut pas faire, c'est de décider.

L'approche du problème est plus importante que la solution

Mieux vaut être cohérent qu'efficace

S'il faut consacrer plusieurs réunions à un problème, les réunions deviennent plus importantes que le problème

(Toutes ces lois sont tirées d'Arthur Bloch, Murphy's Law, *1977)*

Il n'y a pas de gène de la réunionite. Les procédures de réunion sont un mème qui se transmet de génération en génération. Pour remplacer les constituants de l'ADN, l'adénosine, la guanine, la thymine et la cytosine (A, G, T, C), les comités ont des quorums, des propositions, des amendements, des rubriques « affaires diverses » et des motions d'ajournement.

On conclut quand on est fatigué(e) de réfléchir

(Loi de Matz, citée par Arthur Bloch, Murphy's Law, *1977)*

Que le comité soit éternel ou qu'il ait été créé dans un but précis, il doit – parfois – aboutir à des conclusions. Et, qui plus est, elles doivent ressembler à des conclusions, et pas à un charabia nébuleux. C'est là qu'un rapport, rempli de termes techniques, de termes dans le vent, de phrases optimistes comme « aller de l'avant » ou « responsabilisation », dressera un rideau de fumée, fera avancer la culture d'entreprise et ajoutera une ligne au CV de tout le monde. Mais, finalement…

Les moyens justifient les moyens

Succès et loi de Murphy

La loi de Murphy peut-elle vous aider à gravir tous les échelons ? Jean Giraudoux nous a donné un conseil célèbre :

Le secret de la réussite, c'est la sincérité : si vous parvenez à la feindre, vous pouvez faire n'importe quoi

(Jean Giraudoux, dramaturge français, 1882-1944)

Nous voulons comprendre une personne entièrement, en profondeur et la seule façon d'y parvenir, c'est d'étudier son visage. Nous avons réservé une grande zone de notre cerveau pour ces quelques centimètres carrés de chair. Jusqu'où peut-on psychanalyser une personne seulement en la regardant ? Est-il difficile de lire un visage ? Les humains partagent un répertoire de 7 000 expressions faciales. Celle que nous utilisons le plus est le « sourire social » car, comme le fait remarquer Rita Carter dans son *Atlas du Cerveau*, cela nous permet de mentir. Le sourire social est très différent du sourire naturel. Des images du cerveau montrent que l'on utilise des parties différentes du cerveau – et des muscles différents – pour faire ces deux sourires. Contrairement au sourire social, le sourire véritable utilise les petits muscles autour des yeux, et ce dernier a tendance à durer plus longtemps que le sourire social. Si vous pouvez apprendre à feindre ces mouvements musculaires, vous pouvez effectivement faire n'importe quoi.

Il semble que la plupart d'entre nous soit à peu près incapable de faire la différence entre un vrai sourire et un sourire feint. En 1990, Paul Ekman et ses collègues de l'Université de Californie ont dit à deux groupes d'infirmières qu'ils voulaient tester jusqu'à quel point elles pouvaient être joyeuses et souriantes en toutes circonstances [5]. Ils leur firent visionner un film qu'elles devaient ensuite décrire de façon gaie et joyeuse à un panel de juges. Le premier groupe vit un film agréable, qui pouvait réellement les faire sourire; le deuxième groupe visionna un film dans lequel des gens souffraient atrocement. Elles furent toutes reçues par un groupe d'experts en langage corporel : des psychologues, des juges, des détectives, des agents des services secrets et des agents des douanes. Très peu d'experts purent dire qui arborait un sourire feint.

Un gramme d'image de marque vaut des tonnes de performances

(Laurence J. Peter, éducateur et écrivain américain, 1919-1988; Le Principe de Peter, *1969)*

En 1946, Solomon Asch démontra de façon élégante combien la différence entre une bonne et une mauvaise image est ténue [6]. Il donna à des personnes une liste d'adjectifs décrivant une personne fictive. La liste du premier groupe était la suivante : intelligent, compétent, assidu, chaleureux, déterminé, pragmatique et prudent. La liste du deuxième groupe était identique, si ce n'est que le mot « chaleureux » avait été remplacé par le mot « froid ». La différence d'image fut remarquable. La première personne fut jugée comme probablement généreuse, populaire, sociale et pleine d'humour, alors que l'autre fut considérée comme avare, impopulaire, solitaire et austère. Quels que soient vos autres traits, il semble qu'il vaut mieux être chaleureux.

Quand nous jugeons quelqu'un, nous basons nos conclusions sur des preuves ténues. Les psychologues parlent d'**avarice cognitive** (la tendance à regrouper de nombreux traits), de **science naïve** (la tendance à tirer des conclusions simplistes) et d'**effet de halo** (la tendance qu'a un trait de caractère à influer sur les autres, comme l'adjectif « chaleureux » l'a fait ci-dessus). La conséquence de tout cela, c'est que l'on se forge toute une gamme d'opinions presque totalement basées sur des suppositions.

- **L'avarice cognitive** : beaucoup de gens utilisent les chaussures pour juger le caractère de quelqu'un : bons souliers, bonnes pensées. C'est peut-être un exemple simpliste, mais la plupart d'entre nous pensent que les gens enveloppés sont joviaux, qu'un grand front est une marque d'intelligence et que des yeux trop rapprochés sont caractéristiques d'une personne indigne de confiance. De beaux visages cachent de belles personnalités. Et, comme l'a dit Dorothy Parker : « Les hommes font rarement des avances aux femmes qui portent des lunettes. »
- **La science naïve** : Votre seul nom peut amener les gens à des conclusions simplistes : dans une expérience décrite par Adler [7], on demanda à 464 psychiatres de faire une évaluation d'un patient qui avait apparemment commis un délit, à partir d'une description d'une page. Tous les psychiatres ont reçu la même description mais, pour la moitié d'entre eux, le patient s'appelait Matthew et, pour l'autre moitié d'entre eux, il s'appelait Wayne. Les évaluations qu'a reçues Wayne se sont révélées significativement plus accusatrices. Dans *Roméo et Juliette*, de Shakespeare, Juliette demande : « Qu'y a-t-il dans un nom ? » La réponse est : beaucoup de choses. C'est pour cela que Shakespeare n'a pas appelé sa pièce « Wayne et Juliette ».

- **L'effet de halo** : Entourez-vous de belles choses et certaines d'entre elles déteindront sur vous. Vraiment.

Rien ne réussit mieux que l'apparence du succès

(Christopher Lasch, critique social américain, 1932-1994)

La sélection de l'attirail adéquat pour exalter l'effet de halo n'a jamais été aussi nécessaire. La complexité de la culture crée une manne d'objets auxquels s'accrocher. Des Rolls, des Rolex, des cartes American Express, des « cartes privilège », un chalet à la neige, un châle Chanel… Tous exprimeront le vrai vous, celui/celle qui réussit. Collectez donc les babioles comme le font les pies.

Une blague racontée par un homme riche est toujours drôle

(Thomas Brown, observateur social)

Il est également important de s'associer avec les bonnes personnes. Avoir passé ne serait-ce que cinq minutes avec le gratin des célébrités donne un aspect brillant à votre existence. Vos neurones miroir sifflent.

Une expérience très subtile a montré l'importance des liens que nous tissons avec les objets et les personnes qui nous entourent [8]. On a demandé à des étudiants de trier une liste de mots. Pour certains, les mots étaient neutres mais, pour d'autres, les mots concernaient les aspects négatifs du vieillissement (décrépitude, arthrite...). Ils furent remerciés et partirent. Ils durent se demander à quoi tout cela rimait en marchant vers l'ascenseur En fait, on les chronométrait pendant qu'ils marchaient. Les gens qui avaient trié les mots liés au vieillissement marchaient sensiblement moins vite que les autres vers l'ascenseur. Une partie de leur tâche avait déteint sur eux, suffisamment pour qu'ils aient légèrement « vieilli ».

Si on ne veut pas que les jeunes se sentent vieux en notre compagnie, on ferait mieux de rester jeune nous-même. L'industrie multimilliardaire du jeunisme en témoigne. Les chiffres des crèmes antiâge grimpent, encore et toujours.

Il n'est pas exclu que nos gènes se joignent à cette conspiration de nos mèmes. La théorie controversée de la néotonie fait remarquer que les Hommes ont de moins en moins de poils, qu'ils ont des yeux de plus en plus gros et de plus en plus écartés, comme les bébés. Se pourrait-il que nos traits se rapprochent de ceux des bébés, ce qui nous rend plus attirants ?

Voici quelques règles générales à suivre au bureau, glanées ici et là. Suivez-les et tout le monde exercera sa science naïve, son avarice cognitive et des effets de halo à votre égard :

- Ne marchez jamais dans les couloirs sans un papier à la main
- Ne soyez jamais le premier à bâiller
- Ne conduisez jamais de négociations avant 10 h ou après 16 h : avant 10 h, vous semblerez anxieux(se) et, après 16 h, ils penseront que vous êtes désespéré(e).
- Laissez toujours votre téléphone sonner trois fois avant de décrocher.
- Gardez un œil sur les nouvelles pour pouvoir annoncer les bonnes aux autres.
- Quittez le bâtiment quand les mauvaises nouvelles arrivent.
- Assurez-vous d'être vu(e) en compagnie de gens importants.
- Écoutez les histoires drôles jusqu'au bout sans raconter la chute.
- Quand on vous donne des informations strictement confidentielles, empressez-vous de les diffuser
- Trouvez votre chef charmant et drôle.

- Appelez les inconnus par leur prénom 15 secondes après leur avoir été présenté.
- Donnez des cartes de visite à tout le monde, y compris à votre famille.
- Ne parlez jamais dans un ascenseur.
- Ne faites jamais savoir à votre chef que vous êtes plus intelligent(e) que lui/elle.
- Honnêtement, ne prononcez jamais le mot « non »
- Ni le mot « honnêtement »
- Ayez la gueule de bois même quand vous n'avez pas bu.
- De temps en temps, essayez de suivre les conseils de votre chef.

Pouvoir, rang et loi de Murphy

Vous voulez que votre vision des choses soit adoptée, vous voulez laisser votre empreinte dans un groupe, montrer vos qualités de leader et obtenir une promotion, mais il y a un problème :

Une personne populaire est condamnée à être détestée

(Lawrence Peter Berra, alias « Yogi »)

Berra lance une colle à tous les travailleurs du monde. Pour progresser dans une entreprise, il faut être populaire mais, pour réussir, il faut faire preuve d'agressivité et de fourberie.

Vous savez que cela paie d'être chaleureux(se) (voir p. 148). Soyez chaleureux. Soyez rudement chaleureux ! Tout le monde essaiera d'être plus chaleureux que vous. L'un d'entre vous finira par être plus chaleureux et plus amical que les autres et deviendra le plus populaire; ce ne sera alors plus qu'une question de temps avant que les autres se liguent gentiment et chaleureusement contre lui et se vengent.

Personne n'est totalement triste quand l'un de ses amis échoue

(Gore Vidal, romancier, essayiste et dramaturge américain, né en 1925)

Avec des amis comme ça, qui a besoin du virus Ébola ? Le commentaire de Vidal peut paraître un tantinet cynique, mais il a tout à fait raison. Il est paradoxal que, lorsqu'un ami ou un collègue de travail échoue, une moitié de vous soit triste alors que l'autre moitié jubile un peu.

Il semble qu'il y ait deux côtés de vous qui s'opposent : la première partie est le vous chaleureux, compatissant, qui travaille en équipe, et dont les neurones miroir reflètent les tentatives de votre ami. L'autre partie est le vous ambitieux, prêt à tout pour gravir les échelons.

Un homme plus droit que son voisin est une majorité à lui tout seul

(Henry David Thoreau, auteur, poète et philosophe américain, 1817-1862; Désobéissance Civile*)*

Nous entrons ici dans le royaume de la testostérone [9]. La testostérone a de nombreux comptes à rendre. Cette hormone a été identifiée comme la principale cause du comportement agressif des mâles. Dès le début de la production de testostérone chez les hommes, autour de l'âge de 13 ans, la rivalité entre eux commence : des bagarres, des disputes, des dépressions ou de la vantardise font irruption dans la vie de famille ou le milieu professionnel lorsque les jeunes mâles roulent des épaules. Pourquoi l'adolescence se produit-elle ? Le monde ne serait-il pas plus tranquille sans elle ? N'est-elle là que pour rendre la vie plus difficile à tout le monde ? Eh bien non, finalement c'est pour rendre la vie plus simple.

L'évolution des neurones miroir s'est accompagnée d'une augmentation du bruit neuronal, ce qui pose un problème. Si l'esprit de chacun reflétait de la même façon l'esprit de tous les autres, alors les idées de tout le monde seraient identiques. Un cerveau serait envahi par des vagues d'empathie de l'extérieur, tout le monde étant relié à tout le monde. Les bonnes relations entre tout le monde feraient un sacré vacarme… deux patrons font chavirer la barque… Certains proverbes illustrent ce problème.

La solution que l'évolution nous a fournie, c'est l'ordre hiérarchique, avec une personne en position de récepteur et d'émetteur principal, et les autres en dessous. C'est un système beaucoup plus efficace, qui permet de diriger de façon brillante le travail en équipe : une équipe se concentre sur une tâche « comme un seul homme ». Tout le monde a sa place dans le groupe et sait ce qu'il a à faire.

La testostérone aide à établir la hiérarchie. Avant une compétition ou un combat entre rivaux, le taux de testostérone augmente dans le sang. Après le résultat, le niveau de testostérone du vainqueur augmente encore alors que celui du vaincu baisse. Dans les groupes de singes, le niveau de testostérone reflète exactement l'ordre hiérarchique : de forts taux en haut, de faibles taux en bas. Dans les groupes instables, ou la lutte pour le statut est forte, il y a une grande différence entre les taux de testostérone des rangs élevés et ceux des rangs bas mais, dans les groupes plus stables, la testostérone n'est plus nécessaire pour arbitrer l'organisation de la hiérarchie, et les niveaux sont comparables.

Les gentils finissent derniers

(Phrase détournée par Leo « The Lip » Durocher, manager d'une équipe de baseball, 1946)

Les singes supérieurs, nos plus proches cousins, ont une organisation sociale bien codifiée. La hiérarchie entre les mâles est ritualisée et l'agressivité ne fait son apparition que lorsqu'un changement est à l'ordre du jour. Ces luttes peuvent être dures mais elles mettent rarement la vie des protagonistes en danger et elles prennent en général la forme de parades rituelles d'intimidation. (Les comportements réellement agressifs sont réservés à la chasse ou aux combats avec les groupes voisins.)

La gestuelle des employés de bureau sous pression dérive de celle des chimpanzés, mais elle n'est plus que symbolique : le doigt levé remplace le coup de branche, un sourire exagéré remplace une morsure, le lancer du stylo remplace le déracinement et le lancer d'un arbre, et les sarcasmes remplacent les coups.

Et, oui, cela peut aussi devenir violent. Une étude menée par le US Workplace Violence Research Institute (Institut de recherche sur la violence au travail) en 1995 a estimé que, chaque jour, 16 400 travailleurs sont menacés, 723 sont attaqués et 43 800 sont harcelés. Un sondage par téléphone effectué en 1996, mené également aux États-Unis, a révélé que, sur les 1 000 personnes interrogées, 25 pour cent déclaraient être « régulièrement au moins un peu en colère au travail » (*Globe and Mail* du 23 août 1999).

Dans un groupe de chimpanzés, c'est le mâle dominant qui occupe la plus haute position hiérarchique. Les autres mâles s'inclinent devant lui, et il a les faveurs des femelles. Dans les milieux financiers de Wall Street, son équivalent est connu sous le nom affectueux de « Big Swinging Dick[1] ». (Le grand mâle dominant est le président des États-Unis. Pour dire « président » dans le langage des signes, on fait passer son pouce entre l'index et le majeur – un très grand pénis qui pend si on le regarde de près.)

1. Terme familier que l'on peut traduire par « Grand pénis qui pend ». Dick est également le diminutif du prénom Richard. *(N.D.T.)*

En dessous de lui, la hiérarchie se poursuit jusqu'en bas. La personne tout en bas doit bien se faire voir de tout le monde – c'est le « bon gars ».

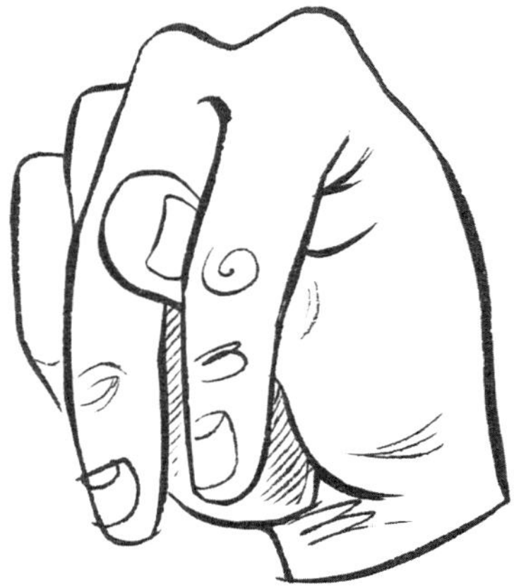

Les derniers finissent mal

(Stanley Kelley, professeur à Princeton, citation de 1976)

Quand les *Homo habilis* avaient quelques prises de bec, le perdant pouvait se venger sur un arbre, un rocher ou sur une chèvre qui passait. La vie dans un bureau est un peu plus contraignante. Si vous vous vengez sur les meubles de votre bureau, on vous fera payer la facture, et notre perdant doit la boucler, ce qui est un problème.

M. Gentil ne se sent pas très bien aujourd'hui. Il sort d'une discussion un peu houleuse avec le chef du département. C'était une discussion éprouvante mais il n'est pas blessé. Son chef l'a pris pour un paillasson, même s'il est resté assis. Les « meubles volaient », mais au sens figuré seulement. En fait, le chef a passé son temps à sourire. Peut-être un peu trop.

Bien que ses gestes fussent réduits, le centre de la peur de M. Gentil, son amygdale, fonctionnait à plein régime. Elle avait reconnu les mêmes signaux qu'il y a plusieurs de dizaines de milliers d'années. Son chef n'est pas un marrant mais, comme nous sommes au XXIe siècle, il n'a pas frappé M. Gentil sur la tête avec une armoire de classement, il a seulement mis en doute les spécifications du nouveau produit. Plutôt que de lui lancer les pots de fleurs au visage, son chef lui a demandé des éclaircissements sur le dépassement du budget. Plutôt que de sauter sur son bureau, de rugir en se frappant la poitrine quand M. Gentil est parti, son chef a juste laissé échapper que porter des chaussures marron avec un pantalon noir n'était pas très élégant.

Mais l'effet fut le même et les réactions de M. Gentil, inchangées depuis le Paléolithique, furent les mêmes : son amygdale fit secréter des hormones du stress comme l'adrénaline à son système endocrinien, ce qui eut pour effet de faire refluer le sang de sa peau vers son cœur et ses muscles, d'arrêter la digestion, d'augmenter le rythme cardiaque, de focaliser ses mécanismes d'attention, de le préparer, de façon générale, à esquiver des armoires de classement volantes. Lorsqu'il écoutait les récriminations de son patron, M. Gentil était donc visiblement pâle, son cœur battait la chamade, ses yeux étaient grands ouverts, les pupilles dilatées. En même temps, il se comportait d'une façon que même un rat aurait pu interpréter, la tête basse, en faisant des mouvements lents et mesurés, en parlant peu et en évitant tout contact visuel.

Si cela se produit trop souvent, les effets des hormones sur le corps de M. Gentil seront durables. S'il continue à se retrouver dans des situations stressantes, la nourriture qu'il a ingérée ne sera pas digérée – ses artères se recouvriront de graisse, il souffrira d'une forte tension artérielle et risquera un infarctus, et le fort taux de sucre dans son sang pourra le rendre diabétique. Il pourra développer des allergies liées au stress, perdre le sommeil, et son comportement envers sa famille pourra devenir imprévisible et agressif. Son cerveau subira des modifications physiques : son hippocampe se flétrira. Il mourra jeune. Soit M. Gentil devient méchant, soit il finira mal.

Ou alors il quitte son entreprise, ce qui serait dommage. M. Gentil est aussi essentiel à la réussite de l'entreprise que le grand chef. Il faut qu'il y ait quelqu'un en bas de l'échelle. Le chef devrait s'en rendre compte et prendre soin de M. Gentil. S'il s'en va, la bataille pour le remplacer en bas de l'échelle commencera. Tout changement de personnel s'accompagne d'un regain de rivalité, et les luttes recommencent. C'est très mauvais pour le système endocrinien de tout le monde.

Toutes les entreprises ne sont pas des champs de bataille. Ne perdons pas de vue que, dans la plupart des entreprises, la structure hiérarchique est stable, les niveaux de testostérone sont bas et l'atmosphère est détendue. Cela est en grande partie dû à un autre M. Gentil qui accepte son rôle de petit poisson dans un étang qui lui convient.

Tous les Beatles ont besoin de leur Ringo

La loi de Ringo, nommée ainsi en référence à Ringo Starr, le gentil Beatle. Ringo était un bon gars mais il n'était pas si utile que ça, et il n'était pas très beau. Et il ne savait pas chanter. Et il n'était même pas très bon en batterie. De nombreux fans des Beatles se sont demandés pourquoi ils ne se débarrassaient pas de lui pour engager un bon batteur, ils en avaient plein à leur disposition. Que se serait-il passé s'ils avaient remplacé Ringo par un gars dans le vent, qui écrivait des chansons et savait chanter, qui dansait comme Nureyev et avait un doctorat en économie ? Il se serait battu pour trouver une meilleure place au sein du groupe, et les Beatles se seraient séparés en moins d'un an. Ringo était le bon gars essentiel, heureux d'être la quatrième roue du carrosse.

Voici une histoire de ferme qui illustre cela. Des amis à moi avaient quatre poules, qui avaient établi une hiérarchie claire. La Grosse Betty en haut et Glouglou en bas. Mais elles ne pondaient, à elles quatre, que trois œufs par jour, et c'est Glouglou qui était la moins féconde. Mes amis la remplacèrent par une nouvelle poule bagarreuse, réputée être bonne pondeuse. Notre poule belliqueuse se mit immédiatement à se battre pour gravir les échelons. Résultat : deux œufs par jour.

Management et loi de Murphy

La tâche du manager moderne est de s'assurer que son département est heureux et en harmonie avec le reste de l'entreprise – si vous voulez, il doit définir quel puzzle chacun doit faire. Mais c'est une tâche ingrate que d'assurer la stabilité du département dans une conjoncture en perpétuel changement. Dans la jungle, les tribus de chimpanzés sont stables. Tout le monde connaît tout le monde, et ce depuis qu'ils sont nés. Ils sont amis et parents. L'ordre hiérarchique de la famille est défini. Il n'en va pas de même dans le monde industriel moderne. Les sociétés se développent et passent des contrats, et de nouvelles tribus, de nouveaux départements, voient le jour, établissent une hiérarchie et disparaissent. De nouvelles compagnies émergent du néant, fusionnent et se séparent. De nouveaux conglomérats conglomèrent et déconglomèrent. À la naissance de chaque bureau ou de chaque usine, il faut créer de nouvelles équipes à partir de rien et engager du personnel. Des étrangers doivent établir des relations hiérarchiques, qui ne sont pas forcément les mêmes que celles qui leur sont imposées du dessus.

Dans un environnement aussi ambigu, les lois de Murphy prolifèrent.

Dans une hiérarchie, tout employé a tendance à s'élever jusqu'à son niveau d'incompétence

(Laurence J. Peter, éducateur et écrivain américain, 1919-1988; Le Principe de Peter, *1969)*

Le principe de Peter est très facile à comprendre : si un manager fait du bon travail, il est promu au niveau supérieur. Et il monte encore, jusqu'à ce qu'il soit promu à une fonction qu'il ne peut pas assurer. La direction remarque qu'il ne se débrouille pas si bien que ça, et arrête de lui offrir des promotions. Cela entraîne que, finalement, les postes à responsabilités sont occupés par des gens qui n'en sont pas capables.

Quand vous avez un doute, murmurez; quand vous êtes en difficulté, déléguez; quand vous êtes responsable, réfléchissez

(James Boren, bureaucrate du gouvernement américain et fondateur du Parti de l'Apathie)

C'est la devise des cadres. Toujours pris entre deux feux, leur seul souhait, c'est de survivre. La direction veut qu'ils soient fermes et décisifs, tout en restant modérés et flexibles; à cheval sur la discipline, mais détendus et accommodants; faire baisser les coûts mais améliorer la productivité, tout en assurant une meilleure qualité que jamais. Les gens en dessous des cadres veulent seulement quelqu'un qui sait de quoi il parle. Des recherches menées en Afrique du Sud sur les qualités les plus admirées chez les cadres moyens ont montré que les chefs de lignes de production respectaient les connaissances techniques, alors que la direction valorisait les compétences humaines [10]. Quoi que vous fassiez, vous êtes condamné(e). Votre seule chance, c'est de marmonner et de louvoyer.

Le canot de sauvetage pour un manager à la dérive, c'est la culture d'entreprise.

Tout le monde peut prendre une décision s'il a suffisamment d'informations; un bon manager peut prendre une décision

avec peu d'informations; un manager parfait peut prendre une décision dans l'ignorance la plus complète

(Loi des Données de Spencer, tiré d'Arthur Bloch, Murphy's Law, *1977)*

Le parfait manager est capable de prendre une décision dans la plus complète ignorance car il comprend instinctivement la culture d'entreprise. Les faits ne feront que se mettre en travers du chemin. Il fait tout en suivant la procédure. Ses actes soutiendront le statu quo bien après que le statu quo aura perdu son statut. Sa décision sera élégante, harmonieuse et ne sera pas ternie par l'horrible réalité. Il gagnera les louanges de ses supérieurs et l'admiration de ses subordonnés. Il conduira l'entreprise droit dans le mur.

Dans son ouvrage *Le Temps des Incertitudes*, J. K. Galbraith décrit le déclin de l'armée britannique dans les années qui ont précédé la Première Guerre mondiale dans des termes similaires. Les terribles erreurs de cette grande folie n'étaient pas dues aux soldats, qui étaient « des lions menés par des ânes », mais à des décennies de décadence parmi les officiers. Dans les temps de paix relative à la fin du dix-neuvième siècle, pour obtenir des promotions au sein de l'empire britannique, il ne fallait pas faire preuve de capacités militaires, mais d'un haut degré de patriotisme. Les généraux compétents mais critiques envers la politique extérieure britannique ne s'élevaient pas dans la hiérarchie, alors que ceux qui louaient la culture de l'Empire atteignaient le sommet de la pyramide, aussi incompétents soient-ils. De plus, un général incompétent promouvait de jeunes officiers qui ne le démasqueraient pas; en d'autres termes, il choisissait des subalternes encore plus incompétents que lui. Ces derniers nommaient de la même façon leurs subalternes. L'incompétence se fraya un chemin jusqu'aux plus hautes sphères. Leur incompétence passa inaperçue jusqu'au moment où ils durent soudainement

soudainement prendre des décisions militaires sérieuses, lorsque la guerre avec l'Allemagne éclata. Mais il était déjà trop tard pour les soldats britanniques dans les tranchées.

Dans une organisation, il y a toujours une personne qui sait ce qui se passe. Il faut la renvoyer

(Loi de Conway, tiré d'Arthur Bloch, Murphy's Law, *1977)*

Territoire et lois de Murphy

Nos ancêtres avaient un territoire bien défini. Aucune tribu voisine ne pouvait s'y aventurer sans craindre des représailles aux frontières. De nos jours, lorsque l'Homme post-paléolithique parcourt la jungle en béton, il ne sait plus bien dans quelle tribu il est ni où les frontières sont passées. Les humains n'ont pas évolué assez vite pour être adaptés à ce nouveau monde.

Un exemple, donné par Adam Douglas et John Lloyd dans leur livre *The meaning of liff*, décrit les rencontres dans les couloirs. Les couloirs sont une invention récente. Pour croiser quelqu'un, il faut s'en approcher directement, ce que l'Homme du Paléolithique considère comme dangereux. Croiser quelqu'un signifie entrer dans son espace personnel, ce que l'Homme du Paléolithique considère comme une provocation. De plus, est-ce un ami ou un étranger ? L'Homme du Paléolithique ne laisserait jamais quelqu'un entrer sur son territoire sans se battre. Adams et Lloyd décrivent les convenances qui se sont développées dans les couloirs des entreprises.

- *L'ignorance feinte :* le moment où deux personnes qui marchent des deux extrémités opposées du couloir se voient mais font comme si de rien n'était. Ceci permet d'éviter le terrible embarras d'avoir à regarder l'autre personne pendant toute la traversée du couloir.

- *La reconnaissance feinte :* le moment crucial où la fausse identification se produit dans un long couloir. Bien que les deux protagonistes soient parfaitement conscients de l'approche de l'autre, ils doivent feindre de se voir soudainement. Ils se regardent maintenant avec un sourire digne d'une pub pour dentifrice, comme s'ils se voyaient pour la première fois, (et sont particulièrement contents d'avoir procédé ainsi) en criant; « Bonnnnnjoooooour ! », comme s'ils voulaient dire : « Juste ciel !!!! Vous !!! Ici !!! Quel hasard ! Ça par exemple. Je n'en reviens pas, etc. »

- *Le jeu de mime :* les convenances des couloirs exigent l'emploi du jeu de mime après la reconnaissance feinte. Les deux protagonistes doivent maintenant agrémenter leur approche d'un mélange de gestes, de sourire, de mouvements de sourcils et de mimiques, le tout en frétillant de la tête tout en regardant l'autre personne et son sourire dégoulinant dans les yeux jusqu'au moment où, à leur grand soulagement, les deux personnes se croisent.

- *L'ignorance délibérée :* pour éviter les affres du jeu de mime, on utilise en général l'ignorance délibérée. C'est la méthode lâche mais très adroite consistant à continuer à s'approcher de l'autre tout en continuant à prétendre que l'on ne l'a pas remarqué(e) – en regardant furieusement ses pieds, en grimaçant à la lecture de ses notes ou en étudiant les murs avec intérêt comme si l'on était profondément en colère.

- *La perdition :* la terrible sensation de naufrage qui envahit nos deux protagonistes lorsqu'ils se rendent compte qu'ils ont malheureusement employé la reconnaissance feinte beaucoup trop tôt, alors que 20 mètres les séparaient encore. Ils étaient embarrassés par l'usage de l'ignorance délibérée car ils se sentaient bêtes. C'était une erreur, car la perdition les fera sentir encore plus bêtes.

• ***Ratiocinateur :*** mot décrivant le type de personne qui peut faire toute une histoire de quelque chose d'aussi simple que de marcher dans un couloir.

La volonté de nombreux voisins de se ruiner en frais d'avocats pour de petits litiges sur les limites de leur terrain a donné lieu à de nombreux procès. En 2003, George Wilson fut abattu dans l'allée de sa propriété de Lincoln en Angleterre par son voisin. Ils s'étaient disputés à propos d'une haie qui séparait leurs jardins de devant. Notre instinct du territoire, qui nous vient de notre ancêtre le chimpanzé, est intact. En ce qui concerne cet aspect de notre évolution, nous ne sommes pas encore sortis de la forêt.

Sa pile, c'est du désordre ; la vôtre, ce sont des travaux en cours

Même votre maison est pleine de frontières floues. Elles ne sont pas simples : les maisons ne sont pas souvent divisées de la même façon que dans les dessins animés, avec une ligne de peinture qui court au milieu de la pièce, laissant la moitié droite du four, de la table, du canapé et de la télé, etc. à Monsieur alors que Madame a les moitiés gauches. Mais il existe une ligne invisible, une frontière virtuelle entourant ce qu'il considère être son fief et ce qu'elle ne tolérera pas que l'on range. La cuisine, le parterre de fleurs et la citadine de Madame et le bureau, l'allée en gravier et le break de Monsieur. La vue de la pile de breloques de Madame plongera

Monsieur dans l'incompréhension, alors que le bric-à-brac de Monsieur laissera Madame songeuse. Chacun peut comprendre l'importance de sa propre pile, mais pas celle de l'autre.

LES FRONTIÈRES INVISIBLES DE LA VIE DE TOUS LES JOURS.

Les entreprises ont des frontières tout aussi floues, aussi bien à l'intérieur qu'à l'extérieur. Leur prétention à vouloir réclamer des territoires au-delà des frontières normales est légendaire. Les entreprises déposent autant de brevets et de droits d'auteur que possible pour étendre les limites de leur territoire et se protéger des invasions.

- Harrods, le grand magasin londonien[1], a envoyé une équipe d'avocats de l'autre côté de la Terre pour intenter un procès à un certain M. Harrod en Nouvelle-Zélande, qui avait ouvert une épicerie qu'il avait nommée, ce qui n'est pas très surprenant, Harrod's.

1. Que l'on peut comparer aux Galeries Lafayette ou au BHV en France. *(N.D.T.)*

- Mike Row a créé une entreprise informatique appelée, pendant quelque temps, Mike Row Soft, jusqu'à ce que les assignations en justice commencent à pleuvoir.
- Si vous agitiez votre bras d'une certaine façon, vous pourriez vous mettre Alan Shearer[1] à dos : il a fait protéger le geste caractéristique qu'il effectue quand il marque un but.
- À Hollywood, les bâtiments abritant la production des studios Disney sont deux fois plus petits que ceux de leur agence de protection des droits d'auteur. Si une souris apparaît dans un dessin animé, ils la dissèquent pour voir si elle doit être considérée comme « nuisible ».

Voici un cas où deux entreprises ont revendiqué des droits sur un fruit. Steve Jobs a créé la compagnie Apple Computer Inc. en Californie en 1975, et sa compagnie se développait très rapidement vers l'Est. Pendant ce temps, les Beatles investissaient leurs revenus dans une compagnie musicale du nom d'Apple Corps. Comme leurs deux compagnies comptaient traverser l'Atlantique, ils en sont venus à réaliser que les deux noms pourraient entrer en conflit. Ils pensaient que les gens pourraient acheter un ordinateur en s'attendant à ce qu'il diffuse du rock'n'roll, ou qu'ils pourraient acheter un disque en espérant pouvoir faire leurs comptes avec. Après plusieurs réunions, ils parvinrent à un accord : Steve Jobs promit de ne pas vendre de musique si les Beatles promettaient de ne pas se lancer dans le monde informatique. Les deux protagonistes allaient pouvoir s'entendre, comme de bons hippies.

En fait, Steve Jobs découvrit peu après qu'il voulait utiliser des sons comme messages d'alerte, et un de ces sons était un accord. Était-ce de la musique aux yeux de la loi ? Plusieurs comités se penchèrent sur la question. Steve Jobs trancha et utilisa le son. Il existe encore aujourd'hui et il s'appelle « sosumi » (« so, sue me ! – Traîne-moi donc en justice ! »). Les Beatles n'ont pas porté plainte.

1. Joueur de football anglais. *(N.D.T.)*

L'apparition du baladeur iPod et du logiciel iTunes ont changé la donne. Maintenant qu'Apple s'est lancé dans l'industrie de la musique, les deux géants se sont engagés dans une lutte acharnée.

Les barrières de la langue

L'utilisation d'un langage secret, que seul un cercle restreint d'amis peut comprendre, crée un territoire sonore. Seules les personnes à l'intérieur de ces frontières verbales appartiennent à la tribu. Newton a publié ses *Principia* en Latin pour que la plupart des gens n'aient pas la moindre chance de pouvoir le critiquer. Geber, le célèbre scientifique arabe du onzième siècle, a utilisé un code secret pour écrire de crainte d'être persécuté. Le mot anglais *giberrish* (baragouin) vient de là. Les médecins modernes suivent le même principe lorsqu'ils utilisent le latin pour que des maladies simples semblent complexes. C'est quelque part réconfortant de dire à un médecin que l'on a mal au dos et de l'entendre diagnostiquer un lumbago (qui n'est autre que le mot latin désignant le mal de dos).

Les entreprises utilisent également une sorte de jargon. Le caractère abscons d'un discours inspire de l'humilité à l'auditeur, qui pense alors qu'il lui reste beaucoup à apprendre. Comme Leo Rosten et John Peers le soulignent dans leur ouvrage *1001 Logistical laws*.

La plupart des gens confondent la complexité et la profondeur

(Leo Rosten, « Renaissance Mensch », né en 1908)

Obéissance et lois de Murphy

Il n'y a qu'un sommet à une pyramide. Ceux qui sont tout en haut diront à ceux en dessous à quoi leur puzzle ressemble. Et ceux du dessous acquiesceront, quoi qu'ils aient pensé un instant avant.

Les faibles héritent peut-être de la Terre, mais pas des droits sur ses minerais

(J. Paul Getty, multimilliardaire, plus grand magnat du pétrole des États-Unis, c'est comme ça qu'il se serait sûrement présenté)

Si les faibles veulent hériter de quelque chose, il faut qu'ils soient prêts à se battre pour se défendre. Mais ils ne se battront pas. Ils connaissent leur place. Ils feront ce qu'on leur dira de faire.

En 1963, Stanley Milgram mit au point une expérience alarmante sur l'obéissance, qui a poussé les règles de l'éthique de la psychologie expérimentale à ses limites [11]. On demandait à des groupes de deux sujets de participer à une étude sur les effets de la punition sur l'apprentissage. Le professeur et l'élève étaient choisis au hasard. L'élève était transféré dans une pièce voisine et attaché à un siège qui lui délivrait des chocs électriques au niveau du bras. Le professeur le voyait à travers une vitre. Il avait devant lui le bouton avec lequel il allait administrer le choc et un cadran pour augmenter la tension. Le cadran était gradué de 15 à 450 volts, avec des indications allant de « choc léger » à « danger : choc intense », en passant par « choc violent ». La dernière graduation comportait seulement l'indication « XXX ». L'élève devait trier des cartes. S'il faisait une erreur, le professeur devait lui envoyer un choc, en progressant de 15 volts à chaque choc.

Et l'expérience commençait. Le professeur administrait des chocs à chaque fois plus intenses à un élève de plus en plus angoissé. Ce que le professeur ne savait pas, c'est que l'« élève » était en fait un complice. C'était une mascarade. Il ne recevait pas de choc du tout, mais réagissait quand une petite lampe s'allumait dans un coin. Le professeur, qui l'ignorait, continuait à augmenter la tension, jusqu'à ce que l'étudiant semble perdre connaissance à cause des chocs. Quand l'expérimentateur lui demandait d'augmenter la tension et d'envoyer un autre choc, le professeur obéissait. Tous les professeurs administrèrent au moins 315 volts. À ce moment-là, l'étudiant criait pour leur demander d'arrêter. Deux professeurs sur trois montèrent jusqu'à la dernière marque, « XXX ». Dans la plupart des cas, les professeurs étaient très angoissés, s'en sont pris verbalement à l'expérimentateur, ont tremblé et transpiré. Mais ils ont quand même obéi. L'autorité conférée à un scientifique en blouse blanche n'a jamais été autant mise en évidence.

Les clous qui dépassent prennent un coup de marteau

(traditionnel)

Jusqu'où vous et moi irions-nous pour nous assurer que tout le monde reste à sa place ? Qui donnerait un coup de marteau sur les clous qui dépassent ? Nous en sommes peut-être tous capables, même si nous sommes convaincus du contraire. En 1973, Zimbardo et d'autres psychologues ont organisé une simulation de prison pour le découvrir [12]. Vingt-quatre volontaires, sélectionnés dans tous les États-Unis pour leur stabilité émotionnelle, leur bonne santé et leur personnalité moyenne, ont été arbitrairement divisés en « prisonniers » et en « gardes » pour une étude de deux semaines sur la vie carcérale. Les prisonniers étaient préparés de la même façon que les vrais prisonniers, ils étaient fouillés, épouillés et on leur donnait une tenue de prisonnier. (On ne les obligea pas à se raser la tête, mais ils portaient des bas de nylon sur la tête.)

On mena les douze prisonniers à leur cellule devant laquelle un garde les attendait, et les mauvais traitements commencèrent immédiatement. Les gardes, d'abord hésitants, se mirent à humilier les prisonniers avec de plus en plus d'enthousiasme. Les punitions devinrent vite si fréquentes et imaginatives que l'expérience, au départ prévue pour durer deux semaines, prit fin au bout de six jours. Plus tard, de nombreux gardes décrivirent le plaisir qu'ils avaient pris à exercer le pouvoir sur d'autres. Ils étaient souvent surpris de leur propre cruauté. Bien que, au départ, ils jouaient pour les expérimentateurs en adoptant les comportements qu'ils imaginaient se produire en prison, un moment arriva où ils rentrèrent dans leur rôle, où le Paléolithique fit son apparition.

Quand quelqu'un dit quelque chose de stupide, il/elle est stupide. Quand cinq personnes disent quelque chose de stupide, elles sont 5 fois stupides. Quand 5 000 personnes disent quelque chose de stupide, vous êtes stupide

Il est difficile d'être seul(e) contre tous, comme l'a dit Margaret Thatcher pendant des années.

Dans les années 1950, Solomon Asch a découvert, grâce à plusieurs expériences, combien cela était difficile [13]. Il dit à chaque volontaire qu'il était là avec les dix autres pour comparer des longueurs : il devait déterminer lequel, parmi trois segments, avait la même longueur qu'un segment de référence. Il/Elle pensait que les dix autres personnes avec lui dans la pièce étaient des participants, alors que c'étaient des complices. Le sujet s'asseyait en bout de rangée, si bien que tous les autres juges donnaient leur avis avant lui. Au départ, ils étaient tous d'accord mais, après un signal secret, les dix complices se mirent à choisir le mauvais segment. Quand ce fut le tour du numéro 11, il hésita, regarda à nouveau, et vota à son tour. Le vote truqué eut lieu douze fois. Trois quarts des cinquante personnes testées ont voté au moins une fois à l'encontre du bon sens. L'une d'entre elles l'a même fait 11 fois sur 12. On peut imaginer qu'elle s'intégrerait bien dans l'entreprise de son choix.

Dans un système hiérarchique, le salaire est inversement proportionnel à la pénibilité de la tâche

(Première loi de socioéconomie, Arthur Bloch, Murphy's Law, *1977)*

Voilà une extraordinaire découverte Murphoïde, qui a une origine scientifique très sérieuse. La théorie de la **dissonance cognitive** de Festinger, datant de 1957, explique que, si une personne tient deux raisonnements contradictoires, elle fera tout pour réduire la « dissonance » qui en résulte. Cela inclut, si nécessaire, une légère modification de son système de croyances. Dans une expérience célèbre [14], on confiait à des étudiants une tâche ennuyeuse et répétitive, puis on leur donnait 20 $ ou 1 $.

Qui s'est montré le plus satisfait de son travail ? On pourrait penser que ce sont ceux qui ont été le mieux payés, mais les résultats sont exactement inverses : ceux qui ont reçu 1$ ont exprimé une plus grande satisfaction que ceux qui ont reçu 20 $. C'est tout à fait contre-intuitif. Cependant, la dissonance cognitive permet de l'expliquer. Les pauvres étudiants qui avaient perdu une après-midi et gagné seulement 1 $ ne pouvaient pas s'avouer s'être faits avoir. Ils ont donc inconsciemment surestimé la tâche qui leur avait été confiée pour se sentir mieux.

Si nous sommes tous si dociles, quelle influence cela peut-il avoir sur la façon dont nous choisissons nos dirigeants ? Churchill a dit que la démocratie est la « pire forme de gouvernement, si on exclut les autres ». C'est très simple :

Dans une démocratie, on choisit ses dictateurs, une fois qu'ils nous ont dit ce qu'on pensait vouloir entendre

(Alan Coren, écrivain et satiriste britannique, né en 1939)

Ce qu'Alen Coren essaye de décrire ici, ce sont les forces qui poussent les citoyens à voter comme ils le font. La psychologie des votants est assez simple. Effroyablement simple, selon Josef Sznajd et Katarina Sznajd-Weron, de l'Académie des Sciences Polonaise à Varsovie : les gens votent comme leur voisin(e). Le modèle Sznajd du vote est basé sur l'idée que, sous certains aspects du moins, la société humaine se comporte comme un aimant [15].

Chaque atome de fer dans un aimant est lui-même un petit aimant, avec un pôle Nord et un pôle Sud. Quand on chauffe du fer, les atomes vibrent et tournent dans toutes les directions. Lorsque le fer refroidit, ses atomes ont tendance à se mettre dans la position la plus stable, c'est-à-dire qu'ils alignent leurs pôles Nord et leurs pôles Sud. Cette règle n'est pas universelle; certaines régions s'orientent dans une direction, d'autres régions selon une autre direction, avec une région chaotique sur les bords. La façon dont un atome s'oriente dépend de ce que font ses voisins. Quand on applique ce modèle au vote, la correspondance est troublante. Les gens ont tendance à voter comme leurs voisins. C'est aussi simple que ça. (Les régions chaotiques de l'aimant deviennent des « girouettes politiques » ou des « circonscriptions minoritaires » dans le cas des élections.). Quiconque a déjà essayé de défendre ses convictions politiques quand les personnes autour de lui/d'elle sont d'opinion opposée sait que c'est vrai.

Il y a bien sûr des voix dissidentes. Comme George Burns l'a dit :

Dommage que les gens qui pourraient diriger le pays soient trop occupés à conduire des taxis ou à couper des cheveux

(George Burns, comédien américain, 1896-1996)

Ceux qui connaissent la folie de ce système peuvent choisir un métier où ils peuvent proposer leur propre programme, comme la coiffure ou la conduite d'un taxi. Ces petits aimants pointent toujours dans la mauvaise direction. Bénis soient-ils.

Le commentaire de John Lennon résonne pour ceux qui essayent d'envisager une direction légèrement différente :

La vie, c'est ce qui passe pendant que vous faites d'autres plans

(John Lennon, chanteur des Beatles, 1940-1980)

Civilisation et lois de Murphy

On peut se demander dans quelle mesure les singes, avec leurs neurones miroir, peuvent apprendre les uns des autres et pourquoi seulement une branche de la famille nous a engendrés, nous et nos compétences si particulières. Mais il ne fait aucun doute que le langage a joué un rôle décisif. L'invention du langage est l'une des avancées majeures de l'*Homo sapiens*. Peut-être l'avancée majeure, car ce même peut servir à transmettre les autres mèmes. C'est le mème parmi les mèmes.

Un singe qui veut enseigner à un autre singe comment enlever le sable d'une patate douce ne peut pas en parler. Il lui faut du sable, des patates et de l'eau. Il ne peut pas manipuler une patate imaginaire et du sable virtuel. Nous, les humains, pouvons aborder un problème de façon abstraite et résoudre un problème par téléphone avec quelqu'un qui se trouve à l'autre bout de la Terre. Nous pouvons consulter un livre pour apprendre comment on résolvait ce problème il y a 3 000 ans. Quand on a fini de laver nos patates, on peut utiliser nos capacités linguistiques pour tenir des débats abstraits sur la politique, la philosophie, le sens de la vie et terminer la soirée en essayant de résoudre le théorème de Fermat. On peut dire que les singes en font plus dans une journée, mais nous nous amusons plus.

Nous utilisons le mème du langage pour partager notre culture grâce aux médias comme les journaux. La prochaine fois que vous lirez les gros titres, cherchez la présence de Murphy.

Tout ce que vous lisez dans un journal est vrai, sauf l'histoire que vous connaissez directement

(Erwin Knoll, éditeur du magazine américain The Progressive, *1931-1994)*

La citation d'A. J. Liebling répond à la surprise ironique d'Erwin Knoll :

Partout, les gens confondent ce qu'ils lisent dans les journaux avec les informations

(A.J. Liebling, journaliste américain, 1904-1963; New Yorker, *1956)*

Nous ferions bien mieux de considérer les journaux comme des transmetteurs de même que comme des diffuseurs de vérités. Ils écoutent ce que les gens souhaitent entendre, et nous le racontent ensuite. Cela garantit leurs ventes. Un journal qui ne se conforme pas un minimum à la culture nationale s'expose à une sérieuse baisse de tirage, comme ce fut le cas du *Daily Mirror* quand il se fit le porte-parole de l'opposition à l'invasion de l'Irak en mars 2003. Il retourna rapidement sa veste pour récupérer ses lecteurs.

Mieux vaut un mensonge simple qu'une vérité compliquée

(Saki – pseudonyme de Hector Hugh Munro, auteur britannique, 1870-1916)

L'orthodoxie est formidablement simple. La réalité est si dure. L'orthodoxie préfère les grandes déclarations, écartant les petites incohérences pour voguer majestueusement vers la Grande Illusion.

Les hommes trébuchent parfois sur la vérité, mais la plupart d'entre eux se relèvent et s'éloignent comme si de rien n'était

(Winston Churchill, premier ministre britannique, 1874-1965)

Entre la fanfaronnade et la rhétorique, on ne sait plus très bien où la vérité est passée. Nous pouvons peut-être la trouver auprès des véritables scientifiques, sérieux, qui portent des blouses blanches rassurantes et qui s'occupent d'idées pures, empiriques et réfutables. Le problème, c'est que beaucoup de scientifiques ont un problème avec les vérités simples : ils n'y croient pas. Ils savent que nous nous sommes trompés plusieurs fois, des anciens orthodoxes qui mettaient la Terre au centre de l'Univers à la dernière vague d'agitation à propos de la fusion froide. Les scientifiques ont donc tendance à couvrir leurs arrières, jusqu'à en frôler le fétichisme. Par exemple, alors que les groupes politiques radicaux opposés aux aliments génétiquement modifiés vous diront : « Cette nourriture digne de Frankenstein fera naître des bébés mal formés et mettra fin à notre civilisation », un militant scientifique dira plutôt quelque chose comme : « L'état actuel des recherches validées aurait tendance à confirmer l'hypothèse selon laquelle, tout compte fait… » Mais qui les écoute ?

Une chose est sûre, ce ne sont pas les scientifiques timides qui écriront les livres d'histoire. Cette tâche est trop importante pour qu'on la laisse aux chercheurs de la vérité.

L'Histoire est une fable sur laquelle on s'est mis d'accord

(Napoléon Bonaparte, 1769-1821)

La remarque de Napoléon est peut-être un peu exagérée. Le « on » auquel il se réfère ne désigne que lui et ses acolytes. Pas étonnant qu'« on » se soit mis d'accord sur le fait qu'il était le sauveur de l'humanité et qu'il soit apparu dans les médias de masse de l'époque (les peintures et les sculptures) comme un héros à la hauteur des plus grands empereurs romains : vêtu du violet impérial, couronné du laurier des vainqueurs, chevauchant un cheval fantastique. C'était *son* histoire.

L'Histoire est en grande partie la propagande faite par le camp des vainqueurs. Regardez les horreurs racontées sur Richard III, le bossu difforme incarné avec jubilation par les acteurs jouant Shakespeare depuis 400 ans. Richard III n'était pas bossu. C'est l'invention brillante de Thomas More, un ambitieux jeune homme chargé d'écrire un livre d'histoire pour Henry VIII. Le père d'Henry, Henry VII, avait vaincu et tué Richard III, et Henry VIII voulait légitimer son accession au trône. Quand More vit une peinture de Richard III qui pouvait laisser penser que Richard III ne s'asseyait pas correctement, il sut quoi faire. Son histoire décrivit Richard III comme un homme tordu de corps comme d'esprit. Et c'est ce que l'on considère aujourd'hui comme la vérité.

Jusqu'à la fin du XIXe siècle, les livres d'histoire britanniques décrivaient l'arrivée de la « civilisation » en Inde, en Afrique du Sud et en Extrême Orient en insistant sur la philanthropie des armées conquérantes, et sur le fait que c'est la charité qui animait l'Empire Britannique des Indes. Mais, bien sûr, tout le monde le fait. Les livres d'histoire japonais furent également révisés en 2001 pour minimiser les invasions de la Corée et de la Chine au XXe siècle. En ce moment, Hollywood travaille d'arrache-pied pour réécrire l'histoire du monde. Tout a des airs de Californie de nos jours, du Titanic à la guerre de Troie.

La version de l'histoire est celle que tout le monde accepte. Mais, comme le souligne Murphy :

Ce qui a été cru partout, par tous et pour toujours a toutes les chances d'être faux

(Paul Valéry, critique et poète français, 1871-1945; Tel quel, *1943)*

Un système de croyance très répandu est très facile à digérer. Mais la vérité n'est jamais aussi simple. On peut comprendre que les personnes qui ont un esprit un peu plus subtil sont en désaccord avec les bases de la culture qui les entoure : les religieux deviennent profanes, les Catholiques deviennent Protestants et un chiisme apparaît chez les Sunnites. Cela serait bien si ça ne posait pas de problèmes.

La culture nationale pourrait inclure toute la gamme de croyances religieuses, de ceux qui pensent que nous sommes la rencontre accidentelle de molécules accrochées à un rocher humide qui flotte dans un néant infini à ceux qui pensent que l'Univers est le cadeau qu'un gars sur un nuage nous a fait il y a 6 000 ans en passant par toutes les positions intermédiaires. En dépit de ce que l'on voit dans les médias, la plupart des pays tolèrent une large gamme de croyances mais encore trop de pays ne tolèrent qu'un seul système de croyance.

J'aime les Hommes – ce sont les gens que je ne supporte pas

Linus, dans la bande dessinée *Snoopy*, résume ce qui traverse parfois l'esprit de chacun d'entre nous, et ce que certains d'entre nous pensent en permanence.

L'histoire de notre « humanité » se doit d'être une belle histoire aux angles arrondis pour que tout soit en ordre. Les rois et les reines de l'Histoire étaient bons ou mauvais, mais jamais à moitié. C'est la personne la plus sage qui est élue à la tête de l'état, les directeurs des entreprises sont honorables et généreux, les policiers sont honnêtes et les juges sont impartiaux.

Il suffit de ne pas regarder de trop près.

Ceux qui respectent la loi et aiment les saucisses ne devraient pas regarder comment on les fait

(Otto von Bismark, chef d'état de la Prusse puis de l'empire Allemand, 1815-1898)

Résumé

Ce chapitre a commencé par la description d'une structure simple du cerveau : les neurones miroir. Tout part de là. Les neurones miroir créent les mèmes, qui sont à l'origine de notre culture, et nous utilisons nos normes culturelles pour savoir comment penser. D'une façon ou d'une autre, il semble que nous soyons cernés par notre tribu, notre clan, notre famille, nos amis, notre religion et notre état.

Vous voudriez peut-être vous enfuir ? Mais Murphy a tout prévu :

Vous ne pouvez pas gagner

Vous n'arriverez pas ex aequo

Vous ne pouvez même pas quitter la partie

(Allen Ginsberg, poète américain, 1926-1997)

Commentaire de Freeman sur le théorème de Ginsberg

Toutes les grandes philosophies qui tentent de donner un sens à la vie sont basées sur la négation d'une partie du théorème de Ginsberg. À savoir :

- Le capitalisme est basé sur l'espérance que l'on peut gagner.
- Le socialisme est basé sur l'espérance que l'on peut arriver *ex æquo*.
- Le mysticisme est basé sur l'espérance que l'on peut quitter la partie.

Ou peut-être pas. Des images du cerveau montrent qu'il y a peut-être un moyen de s'en sortir.

Le Nirvana, que les moines bouddhistes prétendent atteindre et qu'un ouvrier assis à son poste de travail considère comme un mythe encore plus incroyable que la petite souris, est en fait bien réel. Pour le découvrir, Andrew Newberg, un radiologue de l'Université de Pennsylvanie, a enregistré des images du cerveau d'un moine en train de méditer, en utilisant la tomographie d'émission monophotonique (TEMP, ou SPECT en anglais, pour *single photon emission computed tomography*) [16]. D'un côté, c'était une entreprise monumentale. Qu'est-ce qui pourrait être moins propice à la méditation que de se trouver au milieu d'un réseau de photodétecteurs et de devoir tirer sur une corde déclenchant l'injection d'un marqueur radioactif au moment où on atteint le Nirvana ? D'un autre côté, si quelqu'un en était capable, c'était bien un moine bouddhiste.

Et ils l'ont fait. Les résultats montrent clairement une différence dans le fonctionnement du cerveau pendant la méditation. Le lobe préfrontal gauche, associé à la concentration et aux émotions positives, s'allume et le cortex pariétal, associé à l'orientation et au positionnement, voit son activité diminuer. La prochaine fois que vous rencontrerez le sourire calme d'une personne réellement centrée et heureuse, résistez à la tentation de la jeter sur le sol.

Durera qui rira bien

Le monde sens dessus dessous

Très bien. Résumons-nous, la liste suivante décrit-elle bien ce qui se produit quand vous rencontrez une situation nouvelle ?...

1. Tout d'abord, vous regardez exactement quelles formes, quelles couleurs et quels sons vous avez devant vous.
2. Vous allez ensuite chercher dans vos souvenirs pour identifier ces formes et ces sons.
3. Vous reliez ensuite un événement ou un objet aux autres pour construire une histoire cohérente.
4. Vous ressentez l'émotion appropriée : il vous vient un sentiment de peur, d'amour ou de haine envers ce que vous voyez.
5. Vous replacez tout cela dans le contexte social, déterminez ce que la société considère comme une réponse adaptée et vous y conformez.

Malheureusement, c'est trop souvent exactement l'inverse qui se produit. L'histoire tragique ci-dessous ne se serait jamais produite si le train psychologique des événements avait roulé dans le bon sens.

Le soir du 2 septembre 1999, Harry Stanley, un homme de 46 ans, était abattu par la police dans le quartier d'Hackney, dans l'Est de Londres. Il sortait d'un pub et rentrait chez lui, portant un pied de table basse dans un sac, lorsque les officiers de l'équipe armée SO19 de Scotland Yard l'ont abattu. Il est mort à cause du pied de sa table basse. On ne peut le comprendre que si on reprend les étapes précédentes une à une en commençant par la fin.

1. D'abord, le **contexte social** était propice. Au moment où Harry Stanley quittait le pub, la police recevait un appel anonyme leur annonçant qu'un Irlandais armé prenait la même direction. Ce canular a influencé l'esprit des officiers. Hackney était quand même un quartier dangereux la nuit. Au sein de la police, les Irlandais avaient la réputation d'être des bandits (un des vestiges des moments de tension en Irlande du Nord).

2. Les officiers n'ont pas eu de mal à associer toute une gamme d'**émotions** à la situation : la peur. Certainement de la peur pour les citoyens innocents qui couraient peut-être un risque mais surtout de la peur pour leur propre vie. Et également le sens de l'honneur et de devoir qui les pousse à se mettre en première ligne pour protéger la société. Un soupçon de suspicion envers les Irlandais a encore fait un peu monter la pression. (Harry était en fait écossais.)

3. Et ils établirent des **liens**. Avant que les officiers trouvent Harry, ils avaient déjà écrit un scénario cohérent : un terroriste irlandais avait bu toute la soirée dans un pub et il avait maintenant l'intention de commettre un crime avec une arme à feu, qu'il cachait dans un sac en plastique. Il fallait l'arrêter. (La réalité aurait difficilement pu être plus éloignée de ce scénario. Harry, père de trois enfants, était en convalescence d'une opération de l'estomac. Ce pied devait lui servir à raccommoder une table basse le lendemain. Il n'était pas ivre, il n'était pas irlandais, il ne s'intéressait pas à la politique, et ce n'était sûrement pas un meurtrier.)

4. Comment les officiers ont-ils utilisé leurs **souvenirs** quand ils ont arrêté Harry ? Ils l'ont vu transportant un objet fin et allongé enveloppé dans un sac. Leurs souvenirs de leur entraînement au maniement des armes leur ont dit que cet objet pourrait tout à fait être un fusil à canon scié. Toutes les données concordaient.

5. Harry a entendu quelqu'un crier dans sa direction. Il s'est retourné en direction du bruit, en saisissant le sac contenant le pied de la table. Qu'a vu l'officier ? Durant l'enquête, il a déclaré qu'il pensait que le « terroriste irlandais » se retournait pour lui tirer dessus. Si les mouvements d'Harry avaient été lents et mesurés, cela aurait été une preuve supplémentaire pour l'esprit orienté de l'officier. Mais rien de ce qu'il aurait pu faire ne lui aurait évité d'être abattu. L'histoire avait déjà été écrite.

Ensuite, un officier regarda dans le sac. « Il fallait que je regarde », dit-il lors de l'enquête. Bien sûr. Il essaya à tout prix de voir ce que son esprit était préparé à voir – une arme, pas un pied de table. Si ces yeux persistaient à voir la même chose, les conséquences allaient être désastreuses. Il a probablement beaucoup cligné des yeux et se les est abondamment frottés.

Dans le chapitre qui suit, consacré à la science, les lois de Murphy ont toutes une explication parfaitement rationnelle. Ce qui ne les empêche pas de démontrer, encore et encore, la loi parmi les lois :

Tout ce qui peut mal tourner tourne mal

La Science pure et dure

Il y a plusieurs années, j'ai décidé d'écrire un livre qui expliquerait toutes les lois de Murphy, la science pure et empirique qui se cache derrière les pépins de la vie quotidienne. Après plusieurs années de recherche, j'ai découvert que, pour expliquer les lois de Murphy, il ne faut qu'un peu de science dure mais énormément de psychologie. Ironiquement, la seule loi ou presque reposant purement sur une explication scientifique est la quintessence même des lois de Murphy : votre tartine a une très bonne raison de toujours tomber du mauvais côté, comme nous allons le voir. Dans le chapitre qui suit, vous allez pouvoir appliquer tout ce que vous avez appris dans les précédents. Le texte contient autant de termes comme « amygdale » et « potentialisation à long terme » que de termes comme « molécule » et « aérodynamique ».

On peut trouver les explications des situations décrites dans ce chapitre dans le programme des cours de science d'une scolarité classique. Mais ces situations déclenchent chez nous l'indignation : les objets inanimés peuvent nous mettre dans des états à peine croyables. Essayez de repérer vos tendances à l'animisme, à la science naïve et à l'égocentricité enfantine. Les lois de Murphy sont construites sur ces trois piliers.

Votre file d'attente est toujours la plus lente

Je serais étonné d'apprendre qu'il existe quelqu'un, dans un supermarché quelque part, qui ne pense pas qu'il/elle est dans la mauvaise file. La vérité, c'est que votre file d'attente n'est pas toujours la plus lente. Vous le constateriez aisément si, pendant plusieurs mois, vous choisissiez au hasard votre file d'attente (équipé(e) d'un chronomètre, d'un bloc-notes et de diagrammes), et si vous représentiez vos temps d'attente sur un graphique : vous seriez déçu(e) de constater combien les résultats seraient plats et moyens. C'est l'une des raisons pour lesquelles les supermarchés ne sont pas pleins de gens avec des chronomètres et des blocs-notes. L'autre raison, c'est qu'on y va en général pour faire ses courses.

Pourquoi sommes-nous convaincus du contraire ? Pourquoi avons-nous l'impression tenace que notre caisse est la plus lente ? Pour commencer, il faut bien le reconnaître, toutes les caisses sont lentes. (Relisez le passage sur l'élasticité du temps à la page 38.) Nous détestons ça. Nous sommes nerveux rien que d'y penser. Nous nous souvenons de nos files les plus lentes, mais pas des rapides (ni des lentes dans lesquelles nous n'étions pas). Nos statistiques ne sont pas bonnes, mais nous savons maintenant que notre cerveau ne se préoccupe pas trop de la vérité. Lorsque nous nous dirigeons vers les caisses, notre prévision pessimiste est déjà confirmée par les faits (voir « Jamais deux sans trois », 206). Nous nous attendons à nous trouver dans la file la plus lente et bingo !, c'est ce qui se produit.

Comment choisir une file d'attente ? C'est la question que nous avons tous à l'esprit quand nous nous rapprochons des caisses. Nous passons en « mode chasseur », plissons les yeux en balayant les caisses, à la recherche de la meilleure option. Certains d'entre nous choisiront la file la plus courte. Grave erreur : si elle est plus courte, c'est qu'il y a quelqu'un au bout qui essaie de ressusciter l'art antique du marchandage, et que tous les autres clients ont fui. Certains se rueront sur la file « express » (moins de 10 articles). Grave erreur : ce sont les employés les plus lents qui sont affectés à cette caisse. Certains choisiront la file d'attente la plus longue, en se disant qu'il y a sûrement une bonne raison pour laquelle elle a du succès. Grave erreur, de toute évidence.

Pour vous aider, je vous donne ici une formule qui vous assurera un passage en caisse en douceur. Les paramètres sont : le nombre d'articles, la vitesse de l'hôte(sse) de caisse, le nombre de personnes dans la file d'attente et leur profil psychologique.

Évaluons tout d'abord, sur une échelle de 1 à 10, le profil psychologique de chacune des personnes qui vous précèdent :

- l'obstination (la probabilité qu'une personne discute le prix des articles) ;
- l'étourderie (la probabilité qu'une personne se rende compte au dernier moment qu'elle a oublié un article et retourne dans le magasin pour aller le chercher) ;
- le manque de fiabilité (la probabilité qu'une personne ait perdu son porte-monnaie au fond de son sac ou de sa poche, ou… l'ait laissé dans sa voiture) ;
- la popularité (la probabilité que la personne soit un(e) ami(e) proche de la famille de la caissière et qu'elle doive l'écouter parler de sa nièce pendant des heures) ;
- l'âge.

Ajoutez les notes de toutes les personnes qui font la queue (S).

Ensuite, additionnez le nombre total d'articles qu'ils ont dans leur chariot (x).

La durée du paiement est égale à celle du passage de 30 articles; ajoutez donc maintenant le produit du nombre (n) de personnes par 30.

Enfin, divisez par l'efficacité de la personne à la caisse, représentée par son âge (y).

La formule complète pour la file d'attente est :

$$(S + x + 30\,n)/y$$

Faites ce calcul pour toutes les caisses puis recommencez car toutes les files ont maintenant changé. Après votre deuxième tentative, décidez que ça ne fait rien, rejoignez la première file d'attente, et souriez !

Une méthode un peu plus rudimentaire, mais qui a le mérite d'être plus pratique, consiste à additionner le nombre de paniers dans chaque file d'attente (un chariot plein vaut 5 paniers). Ajoutez un panier par personne pour tenir compte de la durée du paiement. Rejoignez la file la plus courte selon ces critères.

Une fois que vous avez choisi une file d'attente, ne changez pas parce que les autres semblent plus rapides. La loi de Murphy nous dit que, dès que vous changez de file pour une plus rapide, cette dernière tombe au point mort, alors que celle que vous venez de quitter accélère de façon incroyable.

Malgré votre sagacité, votre file ne sera sans doute pas la plus rapide. D'un autre côté, elle ne sera sans doute pas la plus lente non plus : elle se situera quelque part entre les deux. Désespérant mais vrai.

Les files de voitures sont spéciales : ici, il y a une explication scientifique. En général, les voies avancent l'une après l'autre. Vous êtes bien sûr convaincu(e) que l'autre file avance plus vite que la vôtre et que vous vous faites distancer. Mais, si vous repérez une voiture voisine de la vôtre, vous verrez que vous en restez assez proche sur le long terme. Pourquoi semble-t-elle aller plus vite ?

Lorsque vous regarderez la file de voitures qui démarre, remarquez que la file s'allonge lorsque les voitures prennent de la vitesse. Cela signifie qu'une file de 20 voitures qui roulent devient aussi longue qu'une file de 40 voitures à l'arrêt. C'est l'impression que vous avez quand elles vous dépassent. Puis la colonne s'arrête. Ensuite, votre file démarre, et vous vous arrêtez peu après. Vous avez en fait dépassé ces 20 voitures mais, comme elles sont très rapprochées, votre avancée vous paraît courte. Vous comparez la **longueur** de l'autre file avec le **temps** qu'a duré votre parcours, ce qui est une mauvaise comparaison. (Rassurez-vous, les conducteurs de l'autre file pensent que vous allez plus vite qu'eux.)

Dans nombreux endroits où les files d'attente ont pris des proportions épidémiques, comme les aéroports, on déploie beaucoup d'efforts pour calmer les passagers. Des recherches en psychologie en montré que notre frustration augmente quand on voit que les autres files avancent plus vite que la nôtre. La direction s'arrange donc pour que les files les plus rapides, comme celles des passagers en transit, soient cachées derrière des écrans spéciaux. De plus, notre courte file d'attente est masquée pour que nous ne puissions pas voir la file d'attente géante qui nous attend dans la pièce suivante.

Les hôpitaux ont appris il y a longtemps que les patients détestent être assis au milieu de centaines de gens qui vont passer avant eux. Aujourd'hui, on nous appelle assez vite, on nous fait traverser quelques couloirs, et attendre dans une autre file. Quand notre tour arrive, nous avons le droit de faire la queue dans un autre couloir. D'après les hôpitaux, on se sent mieux comme ça. Pas assez bien pour ne plus vouloir voir un docteur quand même.

Règle spéciale pour les foules qui essaient de passer par une seule porte (comme le métro ou les ascenseurs aux heures de pointe)

Dans de telles situations, les règles des files d'attente n'ont plus cours (c'est-à-dire qu'il y a une file, mais tout le monde pense que c'est son tour). Des recherches ont montré que les gens qui sont sur les côtés de la porte entrent plus vite. Placez-vous donc d'un côté de la porte, et vous monterez en un rien de temps. De temps en temps, mettez-vous au milieu, au fond, et plaignez-vous de ceux qui resquillent par les côtés.

Les maths

Pourquoi détestons-nous les cours de maths ? Nous ne sommes pas nés en détestant les maths. Nous sommes venus au monde avec tout l'équipement nécessaire pour manipuler les nombres.

Une expérience ingénieuse a montré que même les bébés âgés de deux semaines savent compter. Les expérimentateurs avaient dissimulé un jouet derrière un rideau. S'il y avait deux jouets au lieu d'un quand ils ouvraient le rideau, les bébés étaient surpris. (Comment les scientifiques le savaient-ils ? Ils avaient donné une tétine équipée d'un capteur de pression au bébé et ils mesuraient la fréquence des succions sur cette tétine. La fréquence de succion augmente quand un bébé détecte quelque chose d'inattendu – comme deux jouets derrière un rideau alors qu'il n'en attendait qu'un.)

Les bébés ont également le sens de la taille et de la proportion. Mais il faut entraîner un bébé si l'on veut qu'il aille un peu plus loin. Cela était vrai pour nos ancêtres hominidés dans la savane, et ça l'est encore plus dans la jungle technologique d'aujourd'hui. La plupart d'entre nous manque d'entraînement, et la loi de Murphy est là pour nous cueillir.

En particulier, notre réaction émotionnelle est équivoque. Nous n'aimons pas les sciences froides ni les maths austères, et nous leur accordons donc une âme et une personnalité. Mais, pour comprendre la science dans le détail, il nous faut maîtriser notre amygdale, et comprendre que le monde inanimé est vraiment inanimé. Les observations suivantes révèlent la façon dont nous devenons des victimes quand nous entrons dans l'Âge de Plastique avec un esprit issu de l'Âge de Pierre :

Il n'y a que quatre nombres : 1, 2, 3 et beaucoup

Un bébé peut compter, certes, mais pas très loin. Lorsqu'il grandit, il peut facilement dénombrer deux ou trois choses. Il reconnaît assez facilement quatre objets mais, au-delà, tout s'embrume un peu. Quand on lui montre six objets, il n'est pas capable de reconnaître immédiatement « six », il doit les compter un par un. Il existe des preuves indiquant que, sans le soutien linguistique du système numéral, il est difficile, voire impossible, de saisir les grands nombres avec précision, même pour des adultes. Benjamin Lee Whorf a développé une théorie selon laquelle notre façon de penser est, dans une certaine mesure, dictée par le langage dont nous disposons. Si les mots désignant les nombres au-delà de six n'existent pas dans notre vocabulaire, alors on ne peut pas bien compter au-delà de six. Les chercheurs contemporains développent une théorie selon laquelle nous naissons avec deux systèmes centraux de comptage, qui ne dépendent pas du tout du langage : un système réduit, qui nous permet de détecter deux, trois, peut-être quatre, objets et un système de grands nombres pour les approximations (pour déterminer lequel des deux systèmes comporte plus d'objets). Selon cette théorie, notre capacité à dénombrer des quantités intermédiaires dépend des mots disponibles dans notre langage.

Des études menées sur deux tribus amazoniennes corroborent cette théorie. La tribu Piraha dispose de mots pour désigner un et deux, peu et beaucoup. Et c'est tout. On a découvert que leur capacité à dénombrer des objets chute de façon spectaculaire au-delà de trois objets. La tribu Munduruku dispose, quant à elle, de mots pour compter jusqu'à cinq. Leur capacité à dénombrer des objets chute au-delà de cinq objets [1].

Nous disposons, bien sûr, de beaucoup plus de mots pour compter mais les lois de Murphy indiquent que nous ne nous en servons pas toujours. Quand on regarde Mickey Mouse, on ne dit pas : « Attendez, il lui manque un doigt ! » La plupart des personnages de dessin animé n'ont que trois doigts par main, mais on ne le remarque pas. Quand on achète une bouteille de vin à 4,99 €, on ne dit pas : « Ça fait quatre euros et… bref, ça fait presque cinq euros », on dit : « Ça fait quatre euros et… beaucoup » (voir p. 74 : tous les prix finissent par « ,99 »).

Il est intéressant de constater qu'en Français, le mot *trois* est similaire aux mots *très* et *trop*.

Tous les autres gagnent au Loto

Il y a deux explications à cela. La première est que, bien que nous connaissions tous quelqu'un qui connaît quelqu'un qui a un ami qui a gagné au Loto cette année, nous sommes encore bien loin de gagner. Parmi mes amis, il y a peut-être 100 joueurs de Loto, qui ont eux-mêmes 100 amis, qui connaissent chacun 100 autres joueurs. Le nombre total de joueurs est donc 100 × 100 × 100, soit un million. S'ils achètent tous un ticket chaque semaine, cela en fait 104 000 000 sur deux ans et donc, même en comptant les doublons, il est certain que je ne suis pas très loin d'un gagnant.

La deuxième chose, c'est que ce n'est sûrement pas vous qui gagnerez le gros lot. (Est-ce que je prends beaucoup de risques en disant ça ? Eh bien, il y a 14 000 000 de personnes qui jouent à la loterie en Angleterre, dont 1 700 sont devenues millionnaires grâce à la loterie et donc, en divisant 14 000 000 par 1 700, si 8 200 personnes achètent ce livre, je recevrai une lettre d'un lecteur mécontent. Je pourrai le supporter.)

Pour prendre la pleine mesure de ce phénomène, il faut comprendre le concept de probabilité et de chance, un domaine où l'intuition humaine est notre pire ennemie. Je vois souvent des fumeurs remplir des grilles de Loto. Ils se disent : « Il y a une chance sur 14 000 000 de gagner… ça pourrait être moi ». Quand ils tirent sur leur mégot, pensent-ils également : « La probabilité d'avoir un cancer du poumon est de 1 pour 1 000… ça ne sera pas moi » ? Les mathématiques brutales jouent clairement en leur défaveur, mais leur dépendance à la richesse et à la fumée de cigarette a balayé leur sens de la logique.

Comme les numéros du Loto sont associés à la richesse, au statut, au pouvoir, à des vacances sans fin, ils sont animés d'une sorte de force vitale. Nous traitons les boules comme des animaux exotiques, en imaginant qu'elles tournent dans les roues lors du tirage comme un troupeau de gnous… « Si le nombre 23 n'est pas sorti depuis un bout de temps, pas de doute, il va sûrement sortir cette semaine… » Une de mes amies avait couvert un mur sur lequel elle représentait la répartition des nombres en fonction du temps, espérant mettre un piège au point et attraper les 6 numéros gagnants.

Le dernier mot sera pour Fran Lebowitz : « J'ai fait les calculs, et vos chances de gagner à la loterie sont les mêmes que vous y jouiez ou pas. »

Lorsque vous le lâchez, un outil roule jusqu'à l'endroit le plus inaccessible de la pièce

La première étape du chemin vers cet endroit, ce sont vos orteils

(*Arthur Bloch,* Murphy's Law, *1977)*

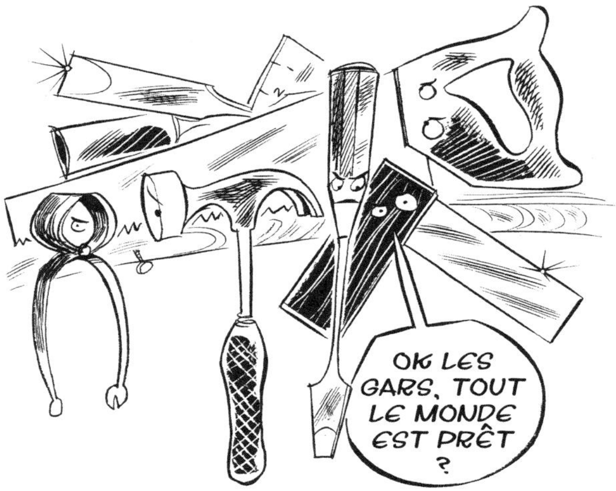

(Voir également p. 121-126 pour d'autres exemples d'animisme.)

C'est vrai et vous savez que c'est vrai mais, en même temps, vous savez que ça ne peut pas être vrai. L'outil peut tout aussi bien s'arrêter au milieu de la pièce. Une analyse statistique montre que la répartition des points de chute est aléatoire, mais on préfère croire en la sournoiserie des outils et en l'insatiable appétit des placards. Notre amygdale s'est assurée de n'enregistrer que les mauvais souvenirs de recherches à tâtons sous les meubles, et ce sont nos seuls souvenirs.

On ne peut pas suspendre un dîner romantique lorsque l'on a de la sauce tomate sur sa chemise

Il semble malvenu de dire : « Additionnez simplement le nombre de fois où vous n'avez pas mis de sauce tomate sur votre chemise » mais il est vrai que l'on oublie les dîners réussis. Seuls les désastres sont comptabilisés.

Il est vrai que notre technique pour manger des spaghettis n'aide pas beaucoup : couvrez-les d'une sauce rouge écarlate, et faites-les tourner comme les rouleaux d'une station de lavage de voitures. Dans ce système, les dommages collatéraux sont inévitables. Dans le pays de leur origine, les mangeurs de spaghettis s'avachissent sur la table et traitent leur assiette comme si c'était une mine sur le point d'exploser. Les Italiens ont appris à respecter la cuisine italienne.

La fumée du feu de camp vient toujours vers vous

Comme nos esprits animistes sont convaincus que la fumée a à la fois un but et un mobile, nous pensons qu'elle nous en veut. En fait, la nature chaotique de la fumée de votre feu de camp fait que tout le monde en recevra une bonne bouffée. Mais tous les campeurs malheureux pensent que la fumée leur en veut personnellement. Leurs connaissances en mathématiques devraient leur dire que, quand c'est aléatoire, c'est aléatoire, mais le campeur malheureux qui passe sa soirée à ramper pour échapper à la fumée sera convaincu qu'elle a volontairement changé de direction.

Le jus du pamplemousse gicle dans votre œil

La technique adoptée par la plupart des adeptes du demi-pamplemousse au petit-déjeuner consiste à ramener la cuiller dans leur direction. En conséquence, une goutte qui s'échappe s'envolera en direction de votre visage. La surface de vos yeux ne représente qu'un 400e de la zone d'atterrissage, et les chances qu'une goutte finisse dans votre œil sont donc plutôt faibles. Cependant, ce n'est pas ce que retiendra votre amygdale : une goutte d'acide citrique dans l'œil est pour elle un événement mémorable. L'amygdale y ajoutera suffisamment de peur pour que votre mémoire vous dise : « Attention, cela pourrait encore arriver. Tu te rappelles de la douleur de la dernière fois ? »

Les feux de circulation sont toujours rouges quand vous êtes pressé(e)

Revoilà l'amygdale. Comment un objet aussi inanimé qu'un feu de circulation peut-il conspirer contre vous ? Je suppose que l'amygdale n'a pas tout à fait tort cette fois – les feux de circulation dans le centre des villes sont en général synchronisés sur plusieurs carrefours. Les feux permettent aux voitures de circuler à environ 30 kilomètres à l'heure et donc, à condition que vous ralentissiez, vous aurez tous les feux au vert. (J'ai moi-même conduit le long de la rue Euston à Londres, qui compte 14 feux tricolores, à une vitesse constante de 30 kilomètres par heure, et ils sont tous passés au vert devant moi.) Mais, lorsque vous êtes pressé(e), vous passez votre temps à accélérer, à freiner au feu rouge suivant, à accélérer encore et à bloquer vos roues au feu suivant… Au final, votre vitesse moyenne est, bien sûr, de 30 kilomètres par heure. Mais votre cerveau voit des conspirations de la part des feux tricolores partout.

Il est vrai que, d'une façon générale, vous avez plus de chances d'arriver à un feu rouge que vert : environ deux fois plus. Les carrefours modernes sont souvent équipés de programmes spéciaux qui permettent aux piétons de traverser, si bien que les feux sont rouges à peu près les deux tiers du temps.

L'ascenseur ne s'arrête jamais à votre étage

Ce qui est le plus énervant, quand vous prenez l'ascenseur, c'est d'attendre devant la porte en attendant qu'il arrive. Notre difficulté à mesurer le temps (p. 38) fait qu'une attente de 30 secondes, quand on n'a rien a faire, nous semble durer des heures. Pendant cette période, vous bouillonnez, psychanalysez l'ascenseur, vos pensées envers ses concepteurs se font de moins en moins courtoises, vous commencez à entrevoir la conspiration qui le lie à l'architecte et à toutes les personnes qui se trouvent dans le bâtiment, qui vous empêchent de le prendre. Soyez patient(e) : pendant qu'il se montre cruel avec vous, il se montre gentil avec quelqu'un d'autre à un autre étage.

Quand il finit par arriver, vous laisse entrer et vous emporte dans le mauvais sens, vous le maudissez pour de bon. Vous avez à faire au système le plus simple et le moins cher, qui monte jusqu'au dernier étage, en prenant des passagers sur le chemin avant de descendre jusqu'en bas, si bien que la moitié des personnes va dans le mauvais sens.

Les programmateurs d'ascenseurs aiment rendre les gens heureux. Vraiment. Mais ils ont beaucoup de gens à satisfaire, et ils essayent de partager ce bonheur entre tous les usagers. S'il y a plus de gens qui appellent les ascenseurs depuis le rez-de-chaussée que de partout ailleurs – ce qui est le cas dans la plupart des bâtiments – ils s'arrangent pour que l'ascenseur aille dans ce sens, ce qui mécontente les usagers des autres étages. Dans les immeubles comptant beaucoup d'étages et beaucoup d'ascenseurs, le cerveau des ascenseurs grossit. Ils peuvent se répartir les zones, un ascenseur voltigeant au niveau des étages supérieurs alors qu'un autre s'occupe des étages inférieurs, pendant que les autres desservent les étages intermédiaires. Quelles que soient leurs cabrioles, rappelez-vous : plus il y a d'ascenseurs et plus leur cerveau est gros. Ils savent donc mieux que vous ce qui est bon pour vous.

Au lieu de regarder la porte de l'ascenseur pendant que vous l'attendez, vous feriez peut-être mieux d'essayer de comprendre selon quel programme il fonctionne. Le temps passera à toute vitesse.

Les prévisions météorologiques sont fausses, fausses et archi-fausses

La météorologie est le domaine de prédilection de la théorie du chaos. De petites brises peuvent tout à coup se transformer en d'énormes tempêtes, et tout aussi soudainement disparaître et se transformer en brouillard, sans raison apparente. À mesure que les vents et les nuages traversent l'Océan Atlantique en direction de l'Europe, il devient de plus en plus difficile d'en prédire le comportement. La théorie du chaos tente d'expliquer l'inexplicable. Dans sa forme la plus pure, elle affirme que tous les systèmes météorologiques de la planète sont reliés et instables, si bien qu'une petite variation à un endroit du globe peut avoir des répercussions énormes sur l'autre côté de la planète – un papillon battant des ailes en Patagonie pourrait théoriquement déclencher une chaîne d'événements qui aboutirait à une tempête dans l'Himalaya.

Dans les bureaux de prédiction en météorologie, les scientifiques utilisent des nombres pour caractériser chaque masse d'air : sa taille, sa vitesse de déplacement, sa température et son humidité. Quand une masse d'air entre en collision avec sa voisine, l'équation change et les choses s'emballent et se compliquent. Les météorologues utilisent la théorie du chaos pour produire pas moins de 50 scénarios possibles et leur appliquent un traitement statistique pour déterminer l'évolution la plus probable avant de donner le bulletin météo. Mais ils n'affirment jamais être certains de leurs prédictions. Votre écoute sélective (p. 29) vous fait entendre les mots-clés : « pluie… soleil… nuages… vent… » mais, si vous écoutez attentivement entre ces mots-clés, vous découvrirez le vrai message : « il se pourrait que… peut-être… il y a des chances pour que… vraisemblablement… » Autrement dit, ils n'en savent pas plus que vous et moi.

(Les statisticiens vous diront que la prédiction la plus probable pour le temps qu'il fera demain est : le même qu'aujourd'hui).

Jamais deux sans trois

Les mathématiques de la malchance sont assez simples : les coups de malchance n'arrivent pas par trois, ils pleuvent continuellement. Mais la psychologie de la malchance est plus complexe, comme notre Jean-Pierre malchanceux le découvre plus bas. Des souvenirs chargés peuvent persister pendant des semaines, et s'associer à d'autres de façon aberrante.

Ici, le coupable, c'est la **potentialisation à long terme** (voir p. 59), le fonctionnement de base du cerveau. Chacun des neurones de Jean-Pierre est lié à son voisin par une synapse. Quand un influx nerveux arrive à une synapse, il saute jusqu'au neurone suivant, et le message poursuit sa route. À partir de là, et pendant un petit moment, le neurone est amorcé, et entrera à nouveau en action au moindre soupçon de signal semblable. Les souvenirs sont constitués de neurones liés les uns aux autres par cette potentialisation à long terme. Par exemple, le mot « banane » est stocké dans les neurones du lobe temporal, qui est relié à une zone du cortex visuel contenant des images d'objets jaunes, longs et fins. Quand vous entendez le mot « banane », ce lien produit l'apparition d'une image du fruit.

Quand le premier coup de malchance arrive – Jean-Pierre glisse et se casse la cheville –, un souvenir se crée, qui contient l'image de la banane à l'origine de la chute, le bruit des os qui se brisent, la douleur, l'odeur de l'hôpital, et ainsi de suite. Toute la tapisserie est électrifiée par la charge émotionnelle de l'amygdale : c'est une **mauvaise nouvelle**, elle est chargée négativement. C'est humiliant. Du fait de l'influence puissante de l'amygdale, l'influence de cette tapisserie neuronale restera forte pendant plusieurs semaines.

Le lendemain, Jean-Pierre perd les clés de chez lui. Ce nouveau souvenir devrait s'estomper assez vite, mais certains brins de cette tapisserie – les brins de la malchance – se mêlent aux autres souvenirs, encore puissants, de la stupide chute due à la banane. Cela allonge la durée de vie du nouveau souvenir et donc, quand, deux jours plus tard, le vase préféré de sa grand-mère lui échappe des mains, le nouveau souvenir de malchance trouve deux acolytes bien enracinés. Et ces trois souvenirs en déclenchent un autre : jamais deux sans trois. La croyance selon laquelle la malchance frappe trois fois devient une prophétie auto-réalisante. Comme Jean-Pierre croit à cette fable, à chaque fois qu'il lui arrivera deux malheurs, il cherchera avec zèle le malheur numéro trois.

Les bus arrivent toujours par trois

Vous ne vous trompez pas cette fois, ils font vraiment le tour de la ville trois par trois, mais ce n'est pas par malveillance, ni à cause d'une quelconque incompétence au niveau du garage : les bus quittent le dépôt à des intervalles précis et réguliers. Le premier bus prend des voyageurs au premier arrêt. Cela prend du temps. Pendant ce temps, le deuxième bus se rapproche. Au moment où le premier bus redémarre, l'intervalle de temps qui les sépare s'est déjà réduit. Par conséquent, il y a moins de temps pour que de nouveaux passagers arrivent à l'arrêt, et ils mettent donc moins de temps à monter dans le deuxième bus, qui repart alors plus vite que le premier. Il se produit la même chose au deuxième arrêt, puis au troisième, si bien que l'intervalle de temps qui les sépare se réduit encore et encore, jusqu'à ce que les deux bus finissent par se suivre. Sur des trajets longs et chargés, nos deux bus peuvent être rejoints par un troisième, et leur réputation est alors assurée.

En général, lorsque vous prenez les transports en commun, il vaut mieux prendre le deuxième. Cela fonctionne dans le métro londonien : même aux heures de pointe, vous trouverez une rame à moitié vide si vous attendez le deuxième métro.

Votre destination se trouve sur le bord de la carte

Les vrais croyants dans la loi de Murphy savent que, lorsqu'ils prendront leur livre de cartes routières, leur destination se trouve à coup sûr au bord de la carte. Mais que signifie exactement « au bord » ? En général à moins de 2 cm du bord, car cela vous oblige à constamment tourner la page pour vérifier votre itinéraire. Une page typique mesure 14×20 cm, soit 280 cm^2. Une marge de 2 cm tout autour de la page nous donne une surface de 120 cm^2, soit presque la moitié de la surface de la page. Il y a de fortes chances pour que votre destination soit au bord de la carte. C'est contre-intuitif, mais c'est bien le problème avec les intuitions.

Quand on ouvre une carte, on ne peut pas la replier sans ciseaux

J'ai demandé à mon prof de maths combien il y avait de façons de plier une carte. Comme toujours, sa réponse s'est avérée (1) grotesque et (2) tout à fait exacte.

Voici l'exemple d'une brochure qui contient 4 plis, tous dans la même direction. La grille consiste en 5 rectangles de taille 5×1.

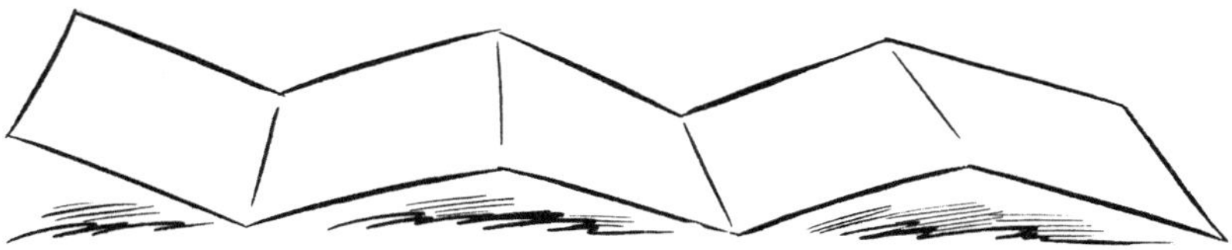

Elle sera entièrement repliée quand elle occupera une surface de 5×1 et comptera 5 épaisseurs de papier. Il y a $4\,! \times 2^4$ façons de la plier. $4\,!$ signifie $4 \times 3 \times 2 \times 1$, et 2^4 signifie $2 \times 2 \times 2 \times 2$; cela fait donc $(4 \times 3 \times 2 \times 1) \times (2 \times 2 \times 2 \times 2) = 384$ façons de plier la brochure.

Avec n plis, il y a $n\,! \times 2^n$ façons de replier la brochure. Cela signifie qu'il y a huit possibilités de plier une feuille à 2 plis. Si la carte comporte 8 pans, on peut la replier de 645 120 façons différentes. Si la carte comporte 8 plis dans une direction et 4 dans l'autre et qu'on la replie dans une direction puis dans une autre, alors le nombre total de possibilités de pliage est le produit des deux directions : 645 120 × 48, soit 30 965 760. Statistiquement parlant, j'ai quasiment autant de chances de gagner au Loto que de replier correctement ma carte. Cela colle bien avec mon expérience.

La physique

Tous les vêtements finissent emmêlés dans la housse de couette

Voici une section dédiée à la quête d'une vie paisible. La raison pour laquelle vos vêtements finissent dans votre housse de couette explique également l'exode des citadins vers la campagne, la position de la mer des Sargasses et la répartition des détritus sur les routes.

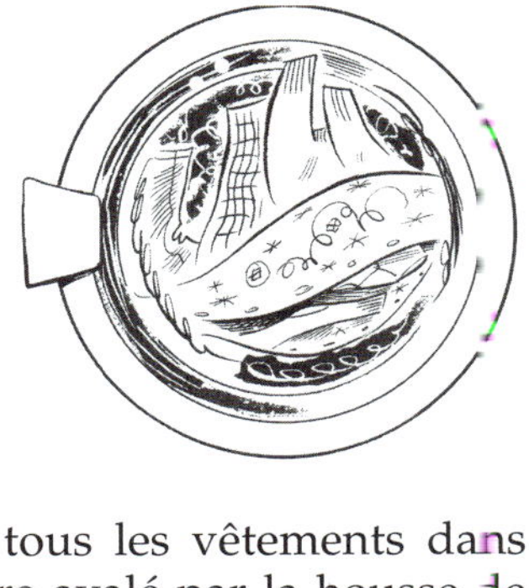

Commençons par la machine à laver. Quand vos chaussettes tournent dans votre machine à laver, elles s'approchent parfois de votre grande et lourde housse de couette qui s'agite dans le fond, ouvrant et fermant la bouche. Si elles y entrent, elles subiront moins de turbulences qu'à l'extérieur – en d'autres termes, elles se déplaceront moins, et elles auront donc tendance à rester là. Pour tous les vêtements dans votre machine à laver, la probabilité d'être avalé par la housse de couette est plus élevée que celle d'en sortir. Chaque nouvel arrivant pousse les autres vers le fond. La housse de couette se remplit lentement mais sûrement.

On peut constater la même chose avec les détritus dans la rue : les bouts de verre pillé, les gravillons et les cailloux sont éjectés par les pneus des voitures, jusqu'à ce qu'ils finissent à des endroits où les roues des voitures ne vont pas. C'est-à-dire le long du trottoir, sur la piste cyclable.

Au milieu des puissants courants de l'Atlantique se trouve une zone connue sous le nom de Mer des Sargasses. Par un hasard de la géographie, le vent n'y souffle pas et l'océan y est complètement immobile. Tous les détritus et les herbes emportés par l'océan ont été amenés ici et, comme il n'y a pas de courants pour les en chasser, ils y restent. La mer des Sargasses est tellement congestionnée par la boue qu'elle en est presque solide.

Quand nous choisissons notre mode de vie, nous le faisons en fonction de la quantité de turbulences que nous pouvons supporter. Quand le vacarme des villes nous devient insupportable, nous

nous installons dans un village paisible. Bizarrement, nous nous comportons comme des vêtements dans une machine à laver.

Quand vous portez des bottes, vos chaussettes glissent si vous ne les avez pas agrafées

Les talons de vos chaussettes frottent contre l'intérieur de vos bottes, de haut en bas. Quand elles remontent, elles s'étirent puis descendent. Quand elles sont en bas, elles y restent.

Les meilleurs galets pour les ricochets sont loin de l'eau

On pense en général que quelqu'un est venu avant nous et a déjà fait des ricochets avec les galets les plus proches du bord. Mais non. Le fait qu'ils soient plats, ce qui les rend aérodynamiques, les rend également hydrodynamiques. Les plus plats sont emportés par la marée montante, alors que les ronds restent là où ils sont. Quand la mer se retire, vos galets préférés restent au niveau de la ligne de marée haute.

Il reste toujours une petite cuiller dans l'évier

Les petites cuillers se comportent différemment des autres objets de votre évier. Petites et légères, elles ne restent pas en place lorsque l'eau tourbillonne dans l'évier, mais surfent sur la vague que vos mains créent. Vous pensez que vous avez vérifié partout, mais vous n'avez pas regardé 2 cm devant vos doigts.

Le sachet de céréales ne veut plus rentrer dans sa boîte

En général, quand on sort le sachet de son emballage en carton, c'est pour trouver le cadeau-surprise à l'intérieur. Quand vous remettez le sachet dans la boîte, les pétales de maïs ont grossi, et ne rentrent plus.

Ce qui a en fait grossi, c'est l'espace entre les pétales. Vous pourrez remédier à cela en secouant votre boîte.

En général, il vaut mieux ne pas trop secouer votre paquet de céréales car…

… les miettes se déposent au fond

C'est particulièrement vrai avec le müesli car il y a une grande différence de grosseur entre les grains : quand vous ouvrez le paquet, vous voyez plein de fruits et de noisettes mais, lorsque vous arrivez à la fin du paquet, il ne vous reste plus que de la poudre pour petit déjeuner. On pourrait croire que c'est une combine du fabricant :

une belle façade pour cacher la misère. Certains essaient de secouer leur boîte pour répartir le mélange de façon plus uniforme, mais ça ne fait qu'empirer les choses.

Les vieux souvenirs de nos cours de science sur la flottaison pourraient nous laisser penser que les morceaux plus gros et plus lourds devraient s'enfoncer, alors que les morceaux plus petits et plus légers devraient flotter mais il ne s'agit pas d'un liquide, et la réponse est en fait très simple. Les gros morceaux sont entourés de plus grands vides. Les morceaux plus petits tombent dans ces trous, si bien que la poussière et les petits pétales ont tendance à tomber vers le fond, en laissant les pépites à la surface. Retourner la boîte et l'agiter inversera la tendance et permettra de répartir la poussière et les pépites de façon plus uniforme.

Une assiette chaude ressemble à s'y méprendre à une assiette froide

Quand vous et moi avons chaud, nous rougissons et transpirons. Les assiettes sont plus discrètes : elles nous signalent qu'elles sont chaudes en nous échappant des mains et en rebondissant sur le sol.

Le réflexe automatique qui nous fait jeter l'assiette dans les airs juste après l'avoir prise est un mécanisme de survie particulier. Si vous vous brûlez les doigts, il faut réagir rapidement. Les messages en provenance des capteurs de douleur de vos doigts vont jusqu'à votre colonne vertébrale et reviennent immédiatement à votre bras pour mettre votre main hors de danger. À ce moment-là, et pas avant, votre cerveau entre en action, trop tard pour faire autre chose que de dire : « Aïe », s'excuser auprès de tout le monde et se mettre en quête d'une serpillière. Votre esprit mettra les choses dans le désordre (voir p. 31) et dira : « J'ai attrapé l'assiette, j'ai senti qu'elle était chaude et je l'ai lâchée », alors que le vrai déroulement de l'événement est le suivant : « J'ai attrapé l'assiette, je l'ai lâchée et j'ai réalisé qu'elle était chaude ».

Un orteil meurtri prend son temps

Voici un moment où le temps suspend son vol : vous regardez votre orteil puis le pied de la table contre lequel vous venez de le cogner. Vous vous dites : « Ça va faire mal ». Vous entendez le sifflement lointain de la douleur qui accourt. Pourquoi met-elle si longtemps à venir ?

Quand votre orteil a rencontré la table, trois systèmes nerveux différents se sont mis en marche. Le réflexe qui éloigne brusquement votre pied de la table fait appel à de grandes fibres nerveuses qui peuvent acheminer les impulsions à des vitesses pouvant atteindre 100 mètres par seconde. Ces impulsions sont allées jusqu'à la colonne vertébrale avant de revenir aux muscles de votre jambe, qui éloignent le pied du danger. Le deuxième ensemble de nerfs envoie des messages au cerveau à la vitesse de 76 mètres par seconde, vous informant qu'il y a un problème. Mais le rapport complet de l'accident est plus lent. Se déplaçant avec majesté à la vitesse de 1 mètre par seconde, la cavalerie bruyante de la douleur arrive quelques secondes plus tard pour ne partir que plusieurs minutes plus tard, après avoir fait la fête dans votre cerveau, pleine de bruits et de couleurs.

Les piles usées sont attirées par les piles neuves

L'électricité est très nouvelle pour nous. Les scientifiques ne s'y sont pas intéressés avant le VIe siècle avant J.-C. (ce qui, si vous vous souvenez que l'homme moderne vit depuis environ un million d'années – piles non fournies –, est très récent). Au XVIIIe siècle, ils pensaient que l'électricité était une sorte de fluide magique. Comme s'ils voulaient le prouver, ils la transportaient dans des « bouteilles de Neyde », et semblaient capables de pouvoir la verser. Nous ne sommes pas plus avancés aujourd'hui. Nous pensons que nos piles modernes sont les cousines des bouteilles de Leyde, et que les électrons en sortent jusqu'à ce qu'elles soient vides, ce qui nous porte à croire qu'elles devraient changer d'apparence quand elles sont usées. Elles devraient au moins être plus légères. C'est peut-être pour cette raison que nous sommes si perturbés quand vient le moment de changer les piles. Certains d'entre nous mélangent avec désinvolture les neuves et les usées, certains d'entre nous les séparent consciencieusement en deux tas avant d'oublier lequel est lequel.

Les perforations des rouleaux de papier toilette ne coïncident pas

On pourrait croire que le papier toilette ne peut pas nous jouer beaucoup de tours. Mais, assurément, tout ce qui peut mal tourner tourne mal. Comment les perforations peuvent-elles ne pas coïncider ? La vérité, c'est qu'elles coïncident. Pour restaurer la paix dans vos cabinets, séparez les deux épaisseurs et déroulez-en une, en laissant l'autre derrière. Les perforations coïncident maintenant parfaitement.

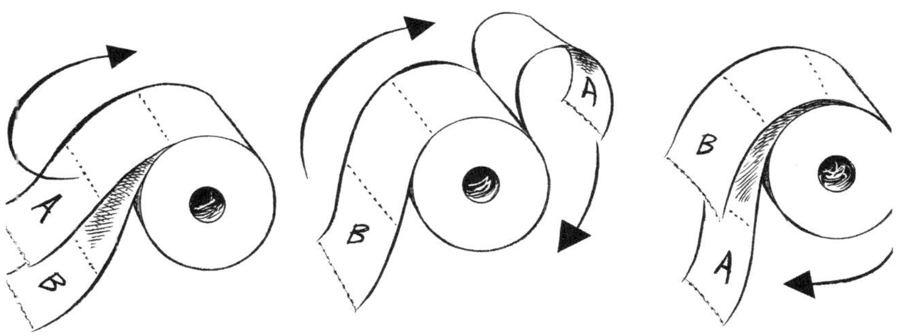

Certains supermarchés, qui avaient reçu tellement de plaintes de clients furieux, convaincus que les machines de perforation leur en voulaient personnellement, ont décidé d'imprimer un mode d'emploi sur leur papier toilette.

Le miroir de la salle de bains s'embue au moment précis où vous en avez besoin

L'eau flotte dans l'air sous forme de molécules individuelles (de la vapeur d'eau). Il y en a en permanence, bien que l'on ne puisse pas les voir car elles sont éparpillées et se déplacent très vite si bien que, lorsqu'elles se rencontrent, elles rebondissent les unes sur les autres et suivent chacune leur chemin. Quand vous faites couler de l'eau chaude, il y a de plus en plus de molécules d'eau dans la pièce. Si elles en rencontrent de plus lentes – comme celles du miroir de votre salle de bain –, elles ralentissent. Or, si deux molécules lentes entrent en collision, elles ne rebondissent pas l'une sur l'autre, elles restent collées l'une à l'autre. (Pourquoi restent-elles collées l'une à l'autre ? Voyez p. 223.) Quand quelques milliards de molécules se regroupent, elles forment une gouttelette, que l'on peut voir à l'œil nu. La buée sur votre miroir est constituée de milliers de ces petites gouttelettes.

Il est possible d'éviter que le miroir s'embue quand on est dans la salle de bains. Pour cela, il faut que le miroir ne soit pas trop près du mur, pour que de l'air puisse circuler derrière. Ainsi, le miroir sera à la même température que la pièce, et la vapeur d'eau ne se déposera pas dessus.

Le canard en plastique nage sous le robinet

D'autres bizarreries de l'École de la Contre-Intuition. Lorsque la baignoire se remplit, les objets qui flottent près du robinet devraient être repoussés; au lieu de cela, ils sont perpétuellement attirés par le jet. C'est le phénomène connu sous le nom de principe de Bernouilli, nommé d'après le grand scientifique suisse qui l'a étudié, qui l'explique, tout comme il explique pourquoi les cheminées tirent, pourquoi les avions volent et pourquoi une balle de ping-pong peut flotter sur un jet d'air, pourquoi on peut tirer les corners entrants ou sortants et pourquoi les joueurs de tennis et de bowling donnent de l'effet à leur balle.

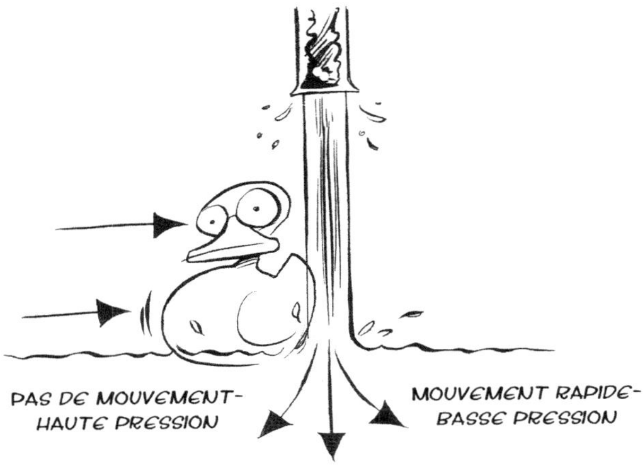

- D'abord, le **canard** : quand de la matière bouge, elle s'étire. Par « matière », j'entends tout : les voitures s'étirent lorsqu'elles roulent vite, et se regroupent à nouveau lorsque la vitesse est limitée. Les corn-flakes sont plus éloignés quand on les verse que lorsqu'ils sont dans le bol. Les molécules d'eau sont plus éloignées quand elles coulent du robinet et pendant un petit moment après qu'elles sont entrées dans la baignoire, jusqu'à ce qu'elles ralentissent juste en dessous de la surface de l'eau. Les molécules qui passent d'un côté du canard sont donc plus éloignées les unes des autres que celles de l'autre côté, il y en a donc moins, et la pression qu'elles exercent sur le canard est donc plus faible. L'eau de l'autre côté pousse plus fort. Par conséquent, le canard va vers le jet plutôt que de s'en éloigner.
- Les **cheminées** : quand l'air se déplace, il se dilate également. De l'air en mouvement a une pression plus faible que de l'air statique. (Les météorologues entendent en général « vent » quand ils parlent de « zones de basse pression ».) Les chemi-

nées tirent car le vent qui souffle à leur extrémité a une pression plus faible que l'air à l'intérieur. La pression à l'intérieur de la maison, plus forte, pousse l'air de la cheminée vers l'extérieur.

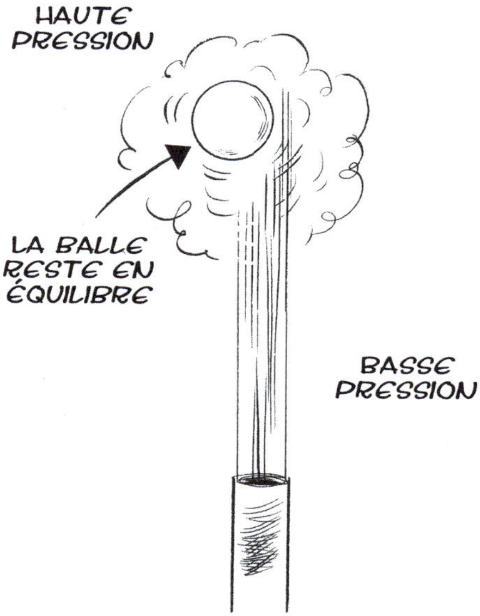

- Quand on souffle sous une **balle** de tennis de table, par exemple, cette dernière ne peut quitter le jet d'air car, lorsqu'elle s'approche du bord, elle rencontre une zone de haute pression qui la ramène à l'intérieur.
- Quand les **avions** traversent le ciel, les molécules d'air qui passent au-dessus de l'aile ont plus de chemin à parcourir que celles qui passent en dessous.

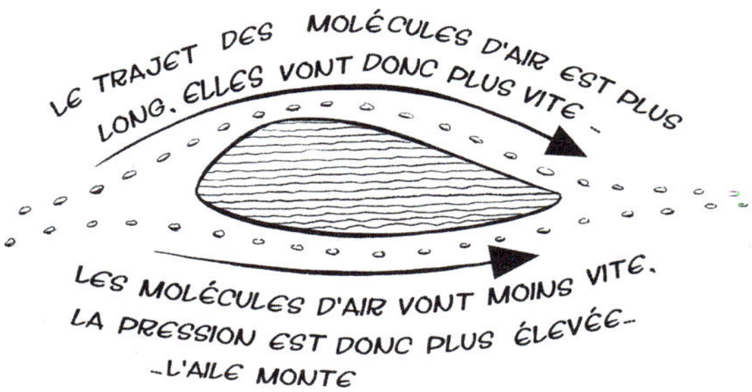

Cela entraîne que la pression au-dessus de l'aile est inférieure à la pression en dessous, si bien que l'aile est attirée vers le haut.

- La trajectoire d'une **balle** à laquelle on a donné un effet se courbe car, lorsqu'elle fend l'air, un côté de la balle tourne dans le même sens que le mouvement apparent de l'air (A), alors que l'autre côté tourne dans le sens inverse (B). Du côté A, le mouvement de la balle accélère le mouvement de l'air alors que, du côté B, il s'oppose au mouvement de l'air. La pression du côté A est donc inférieure à celle du côté B, et la trajectoire de la balle se décale dans la direction de A.

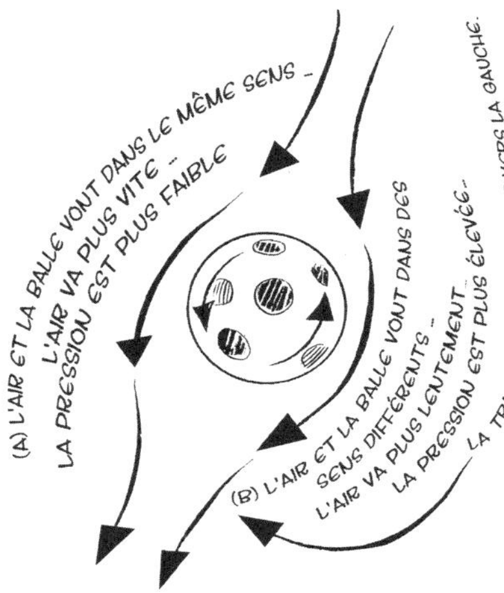

Le rideau de douche vous en veut

Il n'y a rien de plus désagréable qu'un rideau de douche qui tente de se coller à vous lorsque vous prenez une douche. Et il n'y a rien de plus certain. Pourquoi ?

Deux raisons : tout d'abord, l'eau de votre douche chauffe l'air, qui se met à monter. De plus, les mouvements de l'eau et de l'air font baisser la pression, si bien que l'air de l'extérieur vient combler l'espace libéré, emmenant le rideau avec lui.

Pourquoi s'agrippe-t-il si fermement à vous une fois qu'il vous a trouvé(e) ? Lisez ce qui suit

Quand vous voulez verser un liquide avec précaution, vous en mettez partout

Ça arrive tout le temps : vous voulez ne verser qu'une petite goutte mais, une fois arrivé au bord du verre, le liquide fait fi de toutes les lois de la physique et se met à descendre le long du verre, de votre avant-bras et goutte au niveau de votre coude. Qu'est-ce qui lui fait perdre son latin ? Ne sait-elle plus où sont le bas et le haut ?

L'explication de ce phénomène explique aussi la formation des gouttes d'eau et pourquoi le rideau de douche colle. L'eau est adhésive. Une molécule d'eau est légèrement chargée électriquement : elle porte une petite charge négative en haut et une petite charge positive de chaque côté. Quand deux molécules d'eau sont proches, elles ont donc tendance à s'attirer, comme le pull en laine que vous venez d'enlever attire vos cheveux.

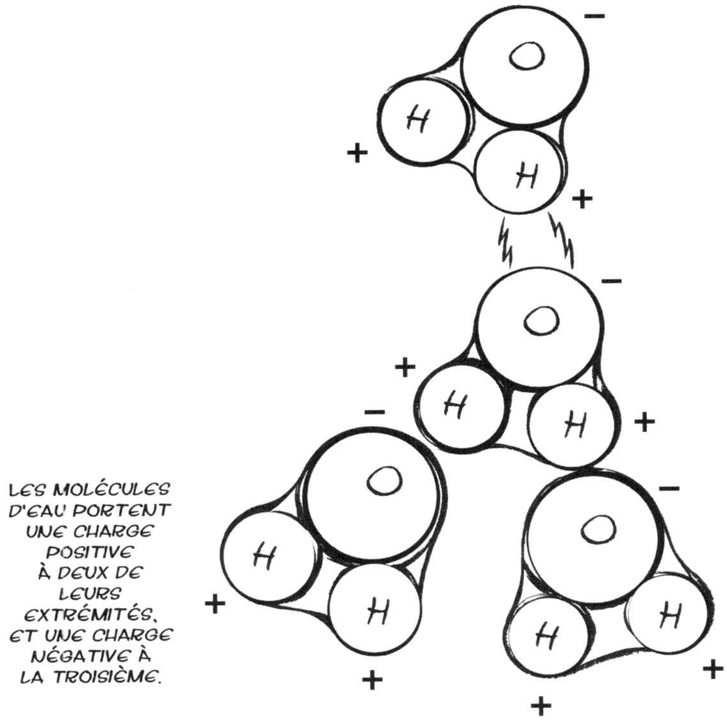

(C'est pour cette raison que l'eau est liquide aux températures habituelles. En réalité, elle devrait être gazeuse : une molécule d'eau est légèrement plus légère qu'une molécule de dioxyde de carbone. C'est l'attirance entre ses molécules qui la rend liquide.)

Les molécules d'eau collent non seulement les unes aux autres, mais elles collent à tout ce avec quoi elles entrent en contact, y compris vous (et le rideau de douche, voir plus haut) et le récipient que vous utilisez pour la verser. Si vous versez très doucement, l'attraction électrostatique qu'exerce le bord du verre sera plus importante que la force de gravité.

Le bout du rouleau de ruban adhésif disparaît toujours

Si vous cherchez la preuve que le monde vous en veut, pas la peine d'aller bien loin, prenez juste un rouleau de ruban adhésif. Dès que vous quittez son extrémité des yeux, elle disparaît, et vous passez l'heure qui suit à gratter et à pester. Ce qui se produit quand vous ne regardez pas est tout à fait surprenant. Je vous conseille d'essayer quand vous n'aurez rien d'urgent à faire. Déroulez un peu de ruban, relâchez-le et voyez comment il est rappelé par le rouleau.

Le ruban s'est chargé électriquement. Quand vous le déroulez, il laisse des électrons derrière lui sur le rouleau, si bien que le ruban se charge positivement alors que le rouleau, qui porte un excès d'électrons, se charge négativement. Les deux s'attirent. Cela explique également pourquoi les longues bandes de ruban adhésif s'entortillent autour de votre bras – elles sont attirées électriquement vers vous.

La tartine tombe toujours du côté du beurre

C'est le caractère infaillible de ce phénomène qui est à l'origine du mythe qui entoure la plus célèbre des lois de Murphy. Si vous lancez une pièce 100 fois, vous obtiendrez 50 fois pile et 50 fois face. Pourtant, notre tartine atterrit sur le côté beurré 100 pour cent du temps. Comment l'expliquer, si ce n'est que Le Monde Vous En Veut ?

En 1983, la BBC[1] a mené une expérience pour tester la véracité de cette loi : 20 volontaires ont beurré des toasts et les ont lancés dans les airs. Pas de surprise, la moitié d'entre eux a atterri du mauvais côté. La loi venait-elle d'être infirmée ? Sûrement pas. La BBC s'était un peu trompée car on ne lance pas souvent notre tartine en l'air, même au cours de nos petits déjeuners les plus débridés et les plus loufoques. Ce qui se produit en général, c'est que votre tartine

tombe de votre assiette quand vous la transportez et ce qui se passe à ce moment-là n'a à voir rien avec la loi de Murphy, mais beaucoup avec celles de Newton. La tartine passe par-dessus bord et, ce faisant, elle commence à tourner. La première loi de Newton affirme que, lorsque quelque chose fait quelque chose, il continue

1. Groupe de presse anglais, diffusant à la radio et à la télévision. *(N.D.T.)*

jusqu'à ce que quelque chose le fasse arrêter. La tartine continue à tourner jusqu'à ce que quelque chose l'arrête, en l'occurrence le sol. L'ennui, c'est qu'elle n'a le temps d'effectuer qu'un demi-tour avant d'arriver au sol, et c'est toujours le côté beurré qui mord la poussière.

La solution à ce problème de tartines est simple : il vous suffit de monter sur des échasses quand vous voulez faire griller du pain.

Votre tartine aura le temps de faire un tour complet avant d'arriver sur le plancher des vaches.

Les insectes se noient toujours de votre côté du verre

Si vous êtes convaincu(e) de la malice que nourrissent envers vous toutes les créatures de Dieu (la base de la loi de Murphy), vous pouvez être certain(e) que l'insecte coupable vous a traqué(e) pendant des jours pour ruiner votre pique-nique. Et vous avez peut-être raison. Il est cependant plus probable qu'il ait senti votre boisson. Les insectes ont, sur leurs antennes, des détecteurs d'odeur d'une sensibilité incroyable. Votre insecte a peut-être parcouru plusieurs centaines de mètres pour trinquer avec vous. Après un si long voyage, votre insecte n'avait donc pas de temps à perdre : il est passé directement au plat principal, sans réaliser que c'était un repas liquide et donc, hélas, le dernier pour lui. Ils ne se noient pas toujours de votre côté du verre, bien sûr, mais, si vous essayez de le tourner pour que l'insecte se retrouve de l'autre côté, il **reste de votre côté**. Pourquoi ?

Quand vous tournez votre verre, il n'y a que lui qui tourne La première loi de Newton nous dit que les objets restent immobiles jusqu'à ce qu'on les fasse bouger. Le liquide n'est pas attaché au verre, et il reste donc dans la même position pendant que le verre tourne autour de lui.

Cette inertie se cache derrière le fameux tour de l'œuf : vous avez deux œufs, un cru et un dur. Comment savoir qui est qui ? Faites les simplement tourner. L'œuf cru s'arrêtera vite de tourner car, tout ce qui tourne, c'est sa coquille, alors que l'intérieur est immobile. L'œuf dur, qui est complètement solide, continue à tourner plus longtemps.

La piscine est plus profonde que vous ne le pensiez

C'est le genre de phénomènes que l'on considère différemment quand on y repense (voir p. 88). Je peux maintenant regarder dans la piscine sans dire : « Eh, ça a l'air beaucoup moins profond que ça devrait », mais fut un temps où cette illusion faillit m'être fatale. J'avais sept ans et c'était la première fois que j'allais dans le grand bain. Quand je regardai l'eau, je jugeai que le bassin n'était pas trop profond : l'eau m'arriverait au menton. Je tendis légèrement mes orteils à l'endroit où mes yeux m'avaient dit que le fond se trouvait, la bouche tout juste hors de l'eau. Quand je lâchai le bord, je m'enfonçai d'encore une tête, et la mienne était maintenant complètement immergée. Ce fut la première fois où je compris que des forces obscures opéraient dans l'ombre. La vitesse de la lumière n'est pas constante : la lumière ralentit quand elle traverse une substance; plus la substance est dense, et plus la lumière ralentit. (Sa vitesse est donc comprise entre 299 792 458 mètres par seconde dans le vide et 0 mètre par seconde dans une brique.) Les diagrammes représentent un rayon lumineux qui part du fond de la piscine et sort de l'eau. Quand la lumière sort de l'eau, sa vitesse augmente et il lui faut le même temps pour aller du point C au point D que pour aller du point A au point B. Le rayon lumineux est donc dévié (il est réfracté). Notre œil a l'impression qu'il vient d'un autre endroit. Quand ça se produit pour nos deux yeux, notre cerveau place le fond au mauvais endroit.

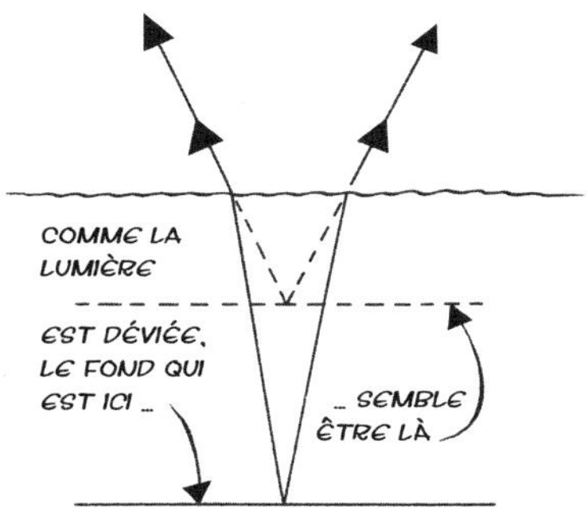

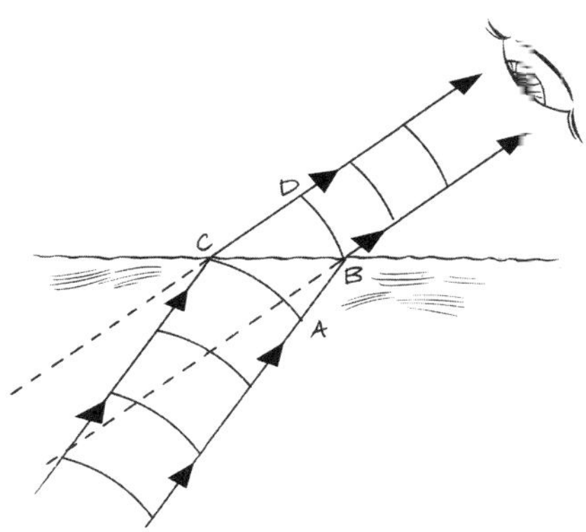

Quand vous êtes à vélo, toutes les routes semblent monter, le vent est contre vous et la pluie vous fouette le visage

Cette illusion illustre l'égocentrisme avec lequel nous sommes tous nés et dont ne nous débarrassons jamais complètement en grandissant. Quand pédaler devient plus dur, on sait que la pente devient plus raide. On pourrait bien sûr penser que l'on est de plus en plus fatigué(e), mais non; Protagoras a dit : « L'homme est la mesure de toute chose », mais l'« homme » n'est pas un instrument de mesure fiable. Nous supposons que notre force est constante et nous nous en servons pour juger le monde. Quand on nage, il nous semble que l'eau devient de plus en plus épaisse. Devient-elle vraiment plus dense, ou est-ce parce que nous avons de l'eau dans le cerveau ?

L'illusion d'avoir le « vent contre soi » est un autre exemple d'égocentrisme qui, chez la plupart d'entre nous, remonte à l'enfance. Quand on monte dans une voiture alors qu'il n'y a pas de vent, une brise se lève de nulle part. Cette brise provient non pas du mouvement de l'air par rapport à la voiture mais du mouvement de la voiture par rapport à l'air. Quand on pédale, on a l'impression que le vent souffle contre nous.

Le phénomène de « la pluie qui nous fouette le visage » a une explication similaire. Si la pluie tombe verticalement et si nous pédalons vers l'avant alors, par rapport à nous, la pluie tombe vers l'arrière. Nous pédalons vers elle, et elle nous fouette donc le visage.

La biologie

Les insectes passent leur journée à vouloir sortir de votre maison et leur nuit à vouloir y rentrer

Les insectes sont tout aussi victimes de la loi de Murphy que nous. Le monde complexe que nous avons créé ces 4 000 dernières années les perturbe. Leur évolution ne leur permet de pas de comprendre le verre, ils emploient donc les mêmes bonnes vieilles méthodes pour sortir d'un endroit sombre : aller vers la lumière. Ça a bien marché pendant 200 millions d'années, mais, aujourd'hui, ça leur donne la migraine. Il est tout à fait possible que les mouches évoluent et en viennent à trouver un moyen de résoudre ce problème. Tout comme les hérissons ont évolué et courent quand ils voient des phares au lieu de se mettre en boule, les mouches évolueront peut-être jusqu'à être capables de mettre au point un algorithme mental leur permettant de quitter une maison en suivant le chemin par lequel elles sont entrées. Mais, pour le moment, les mouches en sont réduites à jouer les béliers contre nos fenêtres.

Sommes-nous beaucoup plus évolués que les mouches ? La plupart d'entre nous s'est déjà cogné dans une porte en verre que l'on n'avait pas vue, on peut donc compatir un peu. D'un autre côté, une fois qu'on s'est cogné(e), on ne revient pas à la charge.

Pourquoi tous les insectes essayent-ils de rentrer, la nuit venue ? De nombreuses allégories font référence à des papillons de nuit suicidaires qui s'approchent trop d'une bougie, hypnotisés par son éclat. L'observation montre que c'est un mythe – un exemple classique de pensée post-paléolithique : nous voyons ce que nous voulons voir, nous mettons au point une explication scientifique plausible et détaillée, et nous ignorons les éléments contradictoires. Mais rien ne vous empêche de faire l'expérience. Vous n'avez pas besoin de l'autorisation du Conseil Scientifique du CNRS, ni de bourse de recherche. Allumez simplement une bougie et ouvrez vos fenêtres.

Les insectes vont rentrer mais ils ne se jetteront pas sur la flamme, ils se poseront sur les murs alentour et attendront, comme on attend le début d'un spectacle de cabaret. Et il y a autant de théories que d'espèces d'insectes sur vos murs. Certains scientifiques pensent que les insectes confondent la bougie avec la Lune, qui leur permet de s'orienter. D'autres pensent que, comme les insectes diurnes, ils associent la clarté au ciel et à la liberté. Ou alors ils se poseraient sur les murs parce qu'ils pensent que le jour s'est levé, et s'endormiraient. Ou ils sont peut-être éblouis par la lumière et ne peuvent pas s'en éloigner, car l'extérieur leur semble trop sombre. Un jour, les psychologues pour papillons de nuit seront peut-être capables de mettre au point une machine à IRMf tellement petite qu'ils pourront étudier la façon dont leur cerveau fonctionne. D'ici là, vous êtes libre de choisir votre mythe sur les papillons de nuit.

Les limaces vont droit sur vos salades

Nous sommes vraiment indignés quand les limaces choisissent, parmi toutes les plantes qu'il y a dans le jardin, nos laitues favorites. Après tout, ce ne sont que des limaces, pourquoi ne peuvent-elles pas se contenter des mauvaises herbes ? Comment peuvent-elles être aussi prétentieuses ?!?

Les limaces préfèrent la salade aux mauvaises herbes pour exactement la même raison que nous : elles sont moins vénéneuses. Au cours des 200 000 000 dernières années, les plantes ont créé un arsenal chimique impressionnant pour se protéger des prédateurs. Dans ce cocktail, on trouve des sels organiques et inorganiques, des minéraux toxiques, des alcools, des aldéhydes, des alcaloïdes, des polyphénols et des salicylates.

Nous consommons régulièrement certains de ces poisons – le tabac, la quinine, la caféine, la cocaïne, parmi beaucoup d'autres. D'autres ont trouvé des applications médicinales, comme l'aspirine, découverte dans l'écorce du saule; ou la digitaline, un stimulant cardiaque (ou un poison, si vous en absorbez trop), que l'on extrait de la digitale. Certaines ont été soigneusement sélectionnées – les pommes de terre et les tomates descendent de la belladone (et vous pouvez voir combien elles sont proches en mangeant des pommes de terre vertes, qui sont vénéneuses).

Les laitues appartiennent à la famille des tournesols. On les cultive depuis 2 500 ans pour les rendre aussi sucrées et peu vénéneuses que possible, et c'est pourquoi vous, moi et les limaces en raffolons.

Ce qui est bon pour vous a un goût horrible

(Voir également « Si c'est bon pour vous, c'est nécessairement dégoûtant », p. 27 et « Quoi qu'on aime, c'est illégal, immoral, ou ça fait grossir », p. 91).

Le problème avec les aliments inoffensifs, c'est qu'ils contiennent moins que ce dont on a besoin. Certains des poisons que j'ai cités au dessus sont en réalité très utiles. On trouve des vitamines, du bêta-carotène, du calcium et du potassium en grandes quantités dans les légumes noirs, qui ont des goûts très prononcés.

Les modes culinaires varient peu et mettent du temps à changer car le goût et l'odorat sont liés à l'amygdale. On n'est jamais bien loin du dégoût (voir p. 27). Nous manions tout ce que nos papilles gustatives classent dans la catégorie « différent » avec beaucoup de précautions. Cette méfiance est un mécanisme de survie : ce que l'on mange pourrait nous empoisonner et, une fois qu'on l'aurait avalé, on ne pourrait plus y faire grand-chose.

La simplicité des goûts culinaires des enfants reflète leurs critères innés. Ils détourneront leur nez de nombreux aliments classiques pour les adultes : le curry, le café, la bière, la moutarde, le Roquefort, le poivre et les cornichons marinés. Mais ils accueilleront avec joie les fruits, les pâtes, le lait, le beurre et le pain. L'odeur du lait rance leur fait instinctivement détourner la tête de dégoût mais, si on les leur présente habilement, les enfants prendront goût à certains types de lait fermenté – le yaourt et le fromage. L'acquisition du goût pour des aliments plus exotiques est un acte social – les enfants ont besoin de la compagnie rassurante de gens qui boivent du café sans mourir instantanément pour tenter quelque chose d'aussi imprudent.

Les fœtus sont encore plus difficiles à satisfaire. Quand une femme est enceinte, le fœtus qu'elle porte mange tout ce qu'elle mange, et elle aura donc tendance à faire attention à ce qu'elle absorbe. L'odeur de certains aliments donnera souvent la nausée à une femme enceinte. Certains médecins pensent que les nausées matinales sont une réaction de protection excessive, qui permet de protéger le fœtus de tout danger lié à la présence de poison dans les aliments.

Soit votre bain chaud est trop chaud, soit votre bain froid est trop froid, soit les deux

Les centres de loisirs ont souvent plusieurs bassins, à différentes températures. Ces bassins font fonctionner votre système d'homéostasie. La gamme des températures confortables pour le corps humain est très restreinte (entre 20 et 24 °C). L'hypothalamus, au centre du cerveau, agit de façon à vous maintenir dans cette fourchette. Si vous chauffez un peu trop, les capillaires sanguins à la surface de votre peau se dilatent pour faire passer le sang près de la surface de la peau et vous aider à évacuer cette chaleur (vous rougissez), vous commencez à transpirer pour évacuer de la chaleur par évaporation et, si la surchauffe se poursuit, vous devenez léthargique : c'est la façon qu'a votre corps de vous décourager de bouger et d'avoir encore plus chaud.

Une fois que vous vous êtes habitué(e) au bassin chaud, le bassin froid vous semblera glacé. L'hypothalamus se mettra alors au travail pour réduire le flux sanguin dans les capillaires (vous palissez), arrêter la transpiration et, si vous ne bougez pas suffisamment, pour vous faire trembler afin de produire de la chaleur. Une fois votre température revenue à la normale et vos mécanismes d'homéostasie prêts à se reposer un peu, le bassin chaud vous semblera beaucoup plus chaud qu'avant.

La mer est froide quand vous allez vous baigner et chaude quand vous en sortez

Tout va bien dans l'environnement thermique contrôlé des centres de loisirs mais, à l'extérieur, tout est dans le même environnement, alors tout ne devrait-il pas être à la même température ? La mer ne devrait-elle pas être aussi chaude que le sable ? Le Soleil brille de la même façon sur les deux, après tout.

La lumière du Soleil ne chauffe pas la mer et l'air directement : elle les traverse et chauffe le sol, qui chauffe l'air et l'eau par conduction. (C'est un peu simpliste : le Soleil chauffe un peu l'eau quand il la traverse, mais pas beaucoup.) Le sol chauffe l'air plus vite qu'il ne chauffe la mer et donc, bien que vous ayez chaud au soleil, vous devriez attendre un peu pour vous baigner. (Pas plus tard dans la journée, mais plus tard dans le mois.)

Très bien, plongez. Au bout d'un moment, vous vous adaptez (voir ci-dessus) et l'eau vous paraît plutôt chaude. Mais il est déjà l'heure de rentrer à la maison. Merci Murphy.

Quand vous allumez la lumière à l'intérieur, la nuit retombe à l'extérieur

Vous vous levez à l'aube, quand le ciel dehors se lève, mais n'est pas encore très lumineux. Dès que vous allumez la lumière dans la pièce, l'obscurité revient à l'extérieur : on dirait que, lorsque vous avez allumé la lumière à l'intérieur, elle s'est éteinte à l'extérieur.

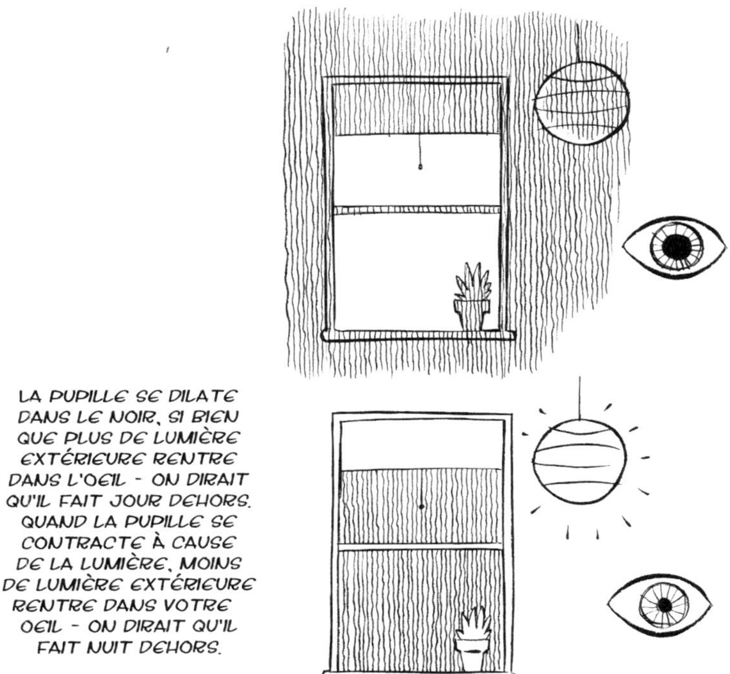

Vos yeux s'adaptent à la luminosité ambiante, en ajustant leur ouverture. Quand il fait sombre, la pupille se dilate pour permettre à plus de lumière de rentrer dans votre œil. La pâle lumière du jour vous semble plutôt claire quand vos yeux sont habitués à l'obscurité. Quand vous allumez la lumière dans la pièce, les muscles de vos yeux passent à l'action pour s'y adapter, réduisant par là même la luminosité extérieure.

Résumé

Ironiquement, plus la science pure explique les bizarreries de ce monde et plus elle rend notre environnement inerte. La vérité est comme Mars : grise, terne et ennuyeuse. On la voudrait rouge, romantique et animée. Désolé !

Les anciens mythes ne sont pas seulement plus amusants que la science, mais ils semblent même plus plausibles. Par exemple, la théorie d'Aristote sur la gravité est brillante : l'Univers est constitué de quatre éléments : la terre, l'air, le feu et l'eau. Chacun de ces éléments désire retourner chez lui : le feu dans le ciel, la terre vers le sol, etc. Par conséquent, les pommes tombent des arbres car elles rentrent chez elles, vers la Terre, alors que les flammes s'élèvent car elles retournent chez elles, au Ciel. Ça colle. La théorie d'Aristote n'était pas seulement complètement fausse, c'était également la seule théorie acceptée pendant 2 000 ans.

Les piliers de la science naïve, l'animisme et l'égocentrisme ont soutenu la science pendant 2 000 ans, de l'époque d'Aristote à celle de la Renaissance. Nous aimons croire que les vieilles habitudes ont été balayées par les esprits clairs et brillants de la Renaissance, l'Âge de Raison, et la Révolution Industrielle : les pensées lucides de Copernic, Newton et Einstein devraient avoir illuminé les coins sombres. Mais la loi de Murphy montre qu'il reste quelques zones d'ombre. Il reste encore beaucoup de choses à balayer et à éclaircir.

Une logique floue

Les lois de Murphy, quand elles entrent en action, devraient nous rappeler combien tout va bien le reste du temps, quand elles n'agissent pas.

Après tout, nous n'avons pas les meilleurs outils. L'espèce humaine fut bricolée à partir de fragments épargnés par la dernière extinction de masse. Avant ce jour funeste, il y a 65 millions d'années, la Terre avait connu plusieurs périodes encore pires qui avaient failli mettre fin à la vie. Et, depuis ce temps-là, elle a connu de nombreuses canicules, vagues de froid, inondations et bombardements. La Terre et ses habitants sont la cible des projectiles cosmiques depuis maintenant 5 milliards d'années. La poussière se dépose, et **nous** voilà, survivants chanceux échappés du stand de tir, et pas le point culminant d'une douce évolution vers la perfection. Le fait que nous soyons là relève d'une chance extraordinaire. Si la météorite de Chicxulub n'avait pas atterri sur la Terre, nous ne serions rien de plus que de la nourriture pour dinosaures. Ne nous attendons donc pas à trouver la perfection quand on regarde la machine humaine; attendons-nous à quelques ratés. Nous ne sommes pas tant des *Homo sapiens* que des « *Homo bric-à-bracus* ».

Et voici le bric-à-brac. Du bric-à-brac génétique : l'ADN dont, selon les généticiens, 90 pour cent ne servent à rien; des bouts de bric-à-brac corporel (regardez votre chair de poule et désespérez-vous); un cerveau de pacotille, bourré de bizarreries, de compromis et de réparations rapides. Qui pourrait oser affirmer, par exemple, que le corps calleux est une bonne idée ? (Le cerveau est coupé en deux et relié par un faisceau étroit de fibres nerveuses, le corps calleux). Il y a des fils qui traînent partout – l'oreille gauche est reliée au cortex de l'autre côté du cerveau et vice versa; le cortex visuel se situe à l'arrière du crâne, aussi loin des yeux que possible.)

Les voix impénétrables des lois de Murphy illustrent ce méli-mélo. Le chapitre 1 montre que nous ne sommes pas certains de ce que nous voyons et le chapitre 2 montre que nous sommes nuls quand il faut le mesurer. Le chapitre 3 montre que nos souvenirs sont flous et le chapitre 4 que nous nous en servons pour parvenir aux conclusions les plus étranges. Ce qui n'a pas d'importance car le chapitre 5 montre que nous préférons largement croire ce que nos émotions nous disent mais, de toute façon, comme le montre le chapitre 6, ce que nous pensons est largement influencé par ce que les personnes qui nous entourent pensent que nous devrions penser. Des déjà-vu aux décisions de vote, le flou nous encercle.

Tout cela n'avait aucune importance au Paléolithique. À une époque où les éclats de silex étaient considérés comme des objets technologiques suspects, le monde était terriblement simple et prévisible, et il n'y avait pas de place pour la loi de Murphy. (Notre tartine ne pouvait pas tomber du mauvais côté, par exemple, car il y a beaucoup de choses que nous n'avions pas encore inventées : le beurre, le couteau, l'assiette et, bien sûr, le pain tranché.)

En ces temps simples, les premiers hommes avaient appris tout ce qu'ils devaient savoir à 10 ans, et le monde ne leur réservait dès lors que peu de surprises. Nous sommes en perpétuel décalage avec le monde échevelé qui nous entoure. Nous faisons de notre mieux pour apprendre les nouvelles informations qui nous arrivent, mais nous trébucherons toujours sur ce terrain glissant.

Si l'esprit dont nous avons hérité n'est, selon certains aspects, pas assez gros pour l'époque moderne, il est, selon d'autres critères, trop gros. Les besoins vitaux – se nourrir, se battre, fuir et se reproduire – sont soumis à la pression de la civilisation : le besoin de manger ne s'avère pas facile à contrôler dans un monde plein de tentations gustatives; l'agressivité au volant rallume nos réflexes de combat et de fuite; en ce qui concerne le sexe, il reste encore difficile de dire : « Très bien, on a assez d'enfants, plus besoin du sexe maintenant » et d'arrêter.

Voilà une occasion où le cerveau a trébuché mais ne s'est pas découragé. Il nous a fallu quelques années pour nous habituer aux dessins animés. Au début, Walt Disney a découvert qu'il était difficile de synchroniser les paroles et les mouvements des lèvres des personnages de Blanche Neige. Si le mouvement de la bouche était parfaitement synchronisé avec le discours, le public trouvait qu'il était en retard sur les paroles. Leur cerveau, semblait-il, se débattait avec les images, ce qui perturbait leur perception du temps. Walt Disney décela le problème et décala légèrement les paroles par rapport aux images, mettant les paroles un peu avant les images.

Cela aida le public, tout le monde était content et le film semblait synchronisé, bien que les paroles et les images soient maintenant un peu décalées. Le public moderne a appris le même du dessin animé, et notre cerveau fonctionne plus vite ; les classiques de Walt Disney nous semblent maintenant un peu décalés, mais dans l'autre sens.

Notre difficulté à contrôler nos neurones miroir est étroitement liée aux lois de Murphy. La capacité à montrer de l'empathie envers nos voisins a tendance à s'étendre à notre environnement – nous faisons preuve d'empathie envers les objets, et nous nous autorisons donc à nous indigner quand ils se comportent mal.

Voici donc la bête sauvage en liberté sur la planète : elle pense aussi peu que possible, elle trimballe des valises d'attentes qu'elle préfère à la réalité, elle saute à des conclusions basées sur peu de preuves, voire aucune, et elle pense que les objets ont une âme. Confieriez-vous votre vie à un tel esprit ? Lui confieriez-vous même la réalisation d'un puzzle ?

Étant maintenant habitué(e) aux lois de Murphy, vous pourriez remarquer qu'elles s'intéressent plus à vous qu'avant. Vous pouvez le faire délibérément, vous persuader que les choses qui se produisent simultanément ont un lien de cause à effet, et cela arrivera vraiment : juste pour l'expérience, dites-vous que des gens qui sont un peu éloignés de vous sont en fait petits, que le texte de cette page n'est pas droit mais un peu ondulé et qu'un homme ou une femme politique en qui vous avez confiance (si vous en connaissez) prépare secrètement la ruine de votre gouvernement et vous serez étonné(e) de constater combien la réalité étayera votre nouvelle vision du monde.

Et pourtant, le miracle c'est que nous arrivons à donner un sens aux neuf dixièmes de la planète pendant les neuf dixièmes de notre temps. Nous devrions en être reconnaissants. Les lois de Murphy ne sont qu'une petite partie de notre vie. Si on les regardait de façon positive, elles pourraient beaucoup nous aider à comprendre la façon dont nous vivons.

Toutes les Lois de Murphy

Universel

La maison

Soi

En société

Au travail

La passion

Les objets récalcitrants

En extérieur

L'IRMf

L'imagerie par résonance magnétique fonctionnelle est une aubaine pour la compréhension du fonctionnement du cerveau. Il est toujours difficile d'analyser quelque chose quand tout se passe bien, c'est pourquoi les neurosciences se sont surtout intéressées aux cerveaux qui avaient des problèmes. Cela impliquait une recherche continuelle de cerveaux endommagés à analyser, si possible dont les propriétaires étaient encore vivants. Les champs de bataille étaient une source prolifique de cerveaux endommagés au départ. Plus tard, les accidents industriels en ont apportés. Récemment, l'automobile a fourni de nombreux spécimens. Honnêtement, c'est épouvantable. Attendre aux urgences d'un hôpital en attendant qu'une personne pas-tout-à-fait-morte soit admise, ça n'est pas un travail pour des gens respectables.

Plus sérieusement, des personnes dans de tels états ne peuvent plus se comporter comme des personnes normales. Elles ont de gros problèmes, et ça ne s'arrange pas quand le neurochirurgien bricole à l'intérieur de leur tête. La devise des neurochirurgiens est : « Vous n'êtes plus jamais le même une fois que votre cerveau a pris l'air ».

L'IRMf a changé tout ça. Elle permet d'étudier les changements qui se produisent au cours du fonctionnement normal du cerveau au moment où ils se produisent, même quand les variations sont minimes, et tout cela de façon non invasive. Parfois, une décision aussi insignifiante que de bouger un doigt apparaît sur l'écran de contrôle. Il est enfin possible de regarder ce qui se produit quand presque rien ne se produit.

Comme son nom l'indique, cette technique d'imagerie utilise le magnétisme. Quand une zone du cerveau est active, elle a besoin d'oxygène. Elle reçoit du sang rouge (oxygéné) et rejette du sang bleu (désoxygéné). Voilà le truc : le sang est légèrement magnétique, car il contient du fer. (Avez-vous déjà vu une goutte de sang séché en vous disant que cela ressemblait à de la rouille ? C'est pour ça.) Ce qui est encore plus intéressant, c'est que le sang bleu est légèrement plus magnétique que le rouge. La quantité de magnétisme est bien sûr très faible mais, si on utilise un aimant assez puissant, on peut mesurer les variations du champ magnétique. L'appareil à IRMf est un aimant circulaire de 2 mètres de diamètre, percé en son centre d'un trou suffisamment grand pour qu'un patient puisse y rentrer. L'aimant est tellement puissant que, si quelqu'un qui porte une montre s'en approche à moins de 2 mètres, la montre et le bras qui va avec seront aspirés vers le trou. Relié à un ordinateur puissant, cet appareil permet d'obtenir des images détaillées en trois dimensions des processus cérébraux.

L'IRMf peut servir à repérer les tumeurs cérébrales aux stades avancés, en identifiant les zones qui demandent une quantité anormalement élevée d'oxygène. Mais cette technique est tellement précise qu'elle peut même détecter quelles zones du cerveau sont actives quand le patient est simplement en train de penser. Beaucoup des résultats présentés dans ce livre ont été rendus possible grâce au développement de l'IRMf.

Bibliographie

Recevoir les Informations : Les Sens

1 Cherry, E.C. (1953) 'Some experiments on the recognition of speech, with one and with two ears'. *Journal of the Acoustical Society of America*, **25**, 975-79.

2 Sacks, O. (1985) *The Man Who Mistook his Wife for a Hat*. London: Duckworth. (O. Sacks (1988) *L'homme qui prenait sa femme pour un chapeau*, Seuil.)

3 Wiseman, R., Watt, C., Stevens, P., Greening, E. and O'Keeffe, C. (2003) 'An investigation into alleged "hauntings"'. *British Journal of Psychology*, **94**, 195-211.

4 Eysenck, M.W. and Keane, M.T. (1995) *Cognitive Psychology*. Hove: Lawrence Erlbaum Associates.

Prendre la Mesure

1 Cité dans 'Time perception', in *Handbook of Experimental Psychology* (ed. S.S. Stevens). New York: Wiley, 1951, p.1231.

2 Sacks, O. (1973) *Awakenings*. London: Duckworth.

3 Bloomer, C.M. (1976) *Principles of Visual Perception*. New York: Van Nostrand Reinhold.

La Mémoire

1 Rose, S. (1992) *The Making of Memory*. London: Bantam. (S. Rose (1989) *La Mémoire : Des molécules à l'esprit*.)

2 Nisbett, R. and Wilson, T. (1977) 'Telling more than we can know: Verbal reports on mental processes'. *Psychological Review*, **84**, 231-59.

Faire les Liens

1 Roethlisberger, F.J. and Dickson, W.J. (1939) *Management and the Worker: An account of a research program conducted by the Western Electric Company, Chicago*. Cambridge, Mass.: Harvard University Press.

2 'The whole truth'. *New Scientist*, 182 (2445), 1 May 2004, p. 3.

3 Nader, K. (2003) 'Memory traces unbound'. *Trends in Neuroscience*, **26** (2), 65-72.

Les Émotions

1 Schachter, S. and Wheeler, L. (1962) 'Epinephrine, chlorpromazine and amusement'. *Journal of Abnormal and Social Psychology*, **65**, 121-8.

2 Bartels, A. and Zeki, S. (2000) 'The neural basis of romantic love'. *Neuro-Report*, **17** (11), 3829-383.

3 Dutton, D.G. and Aron, A.P. (1974) 'Some evidence for heightened sexual attraction under conditions of high anxiety'. *Journal of Personality and Social Psychology*, **30**, 510-17.

4 Raine, A., Buchsbaum, M., and LaCasse, L. (1997) 'Brain abnormalities in murderers indicated by positron emission tomography'. *Biological Psychiatry*, **42**, 95-508.

5 Glaser, D. (2000) 'Child abuse and neglect and the brain'. *Journal of Child Psychology and Psychiatry*, **41** (1), 97-116.

6 Horn, M. (2002) 'Premenstrual syndrome as a criminal defense in the American legal system'. *LA 401: Science, Technology, and Human Values* Baker University.

7 Sowell, E.R., Thompson, P.M., Holmes, C.J., *et al.* (1999) 'In vivo evidence for post-adolescent brain maturation in frontal and striatal regions'. *Nature Neuroscience*, **2** (10), 859-61.

8 Marsicano, G., Wotjak, C.T., Azad, S.C. *et al.* (2002) 'The endogenous cannabinoid system controls extinction of aversive memories'. *Nature*, **418,** 530-4.

9 Heider, F. and Simmel, M. (1944) 'An experimental study of apparent behavior'. *American Journal of Psychology*, **57** (2 April), 243-59.

10 Damasio, A.R. (1994) *Descarte's Error: Emotion, Reason and the Emotional Brain*. New York: Putnam.

L'Opinion Publique

1 Rizzolatti, G. and Arbib, M.A. (1998) 'Language within our grasp'. *Trends in Neurosciences*, **21** (5),188-94.

2 Gopnik, A., Meltzoff, A. and Kuhl, P. (1999) *The Scientist in the Crib: Minds, Brains, and How Children Learn*. New York: William Morrow & Co.

3 Watanabe, K. (1994) in *The Ethological Roots of Culture* (ed. R.A. Gardner *et al.*), Dordrecht: Kluwer, pp. 81-94.

4 Sherif, M. (1935) 'A study of social factors in perception'. *Archives of Psychology*, **27**, 187.

5 Ekman, P., Davidson, R.J. and Friesen, W.V. (1990) 'Emotional expression and brain physiology II: The Duchenne smile'. *Journal of Personality and Social Psychology*, **58**, 342-53.

6 Asch, S. (1946) 'Forming impressions of personality'. *Journal of Abnormal and Social Psychology*, **41**, 258-290.

7 Adler, R. (2000) 'Pigeonholed'. *New Scientist*, **167** (2258), 38.

8 Bargh, J.A., Chen, M. and Burrows, L. (1996) 'The automaticity of social behaviour: direct effects of trait concept and stereotype activation on action'. *Journal of Personality and Social Psychology*, **71**, 230-44.

9 Goldstein, J.S. (2001) *War and Gender: how gender shapes the war system and vice versa*. Cambridge: Cambridge University Press.

10 Mbokasi, B., Visser, D. and Fourie, L. (2004) 'Management perceptions of competencies essential for middle managers'. *SA Journal of Industrial Psychology*, **30** (1), 1-9.

11 Milgram, S. (1963) 'Behavioural study of obedience'. *Journal of Abnormal and Social Psychology*, **67**, 391-8.

12 Zimbardo, P. (1973) 'The Stanford prison experiment'. *Cognition*, **2** (2), 243-55.

13 Asch, S.E. (1955) 'Opinions and social pressure'. *Scientific American*, **193** (November), 31-5.

14 Festinger, L. (1957) *A Theory of Cognitive Dissonance.* New York: Harper & Row.

15 Schechter, B. (2002) 'Push me, pull me'. *New Scientist*,**175** (2357), 24 August, 45-7.

16 Holmes, B. (2001) 'In search of God'. *New Scientist*, **170** (2287), 21 April, 24.

La Science Pure et Dure

1 Butterworth, B. (1999) *The Mathematical Brain.* London: Macmillan.

Autres lectures

Voici quelques livres qui m'ont été très utiles :

Rita Carter, *Mapping The Mind*. London: Weidenfeld & Nicolson (1998)

Richard Gross, *Psychology*. London: Hodder and Stoughton (2001)

Rob Eastaway and Jeremy Wyndham, *How Long is a Piece of String*? London: Robson Books (2002)

Rob Eastaway and Jeremy Wyndham, *Why Do Buses Come in Threes?* London: Robson Books (1999)

Joseph LeDoux, *The Emotional Brain*. London: Phoenix (2004)

Steven Rose, *The Making of Memory*. London: Vintage (2003)

And of course:

Arthur Bloch *Murphy's Law*. Los Angeles: Price/Stern/Sloan Publishers Inc. (1977)

Index

V

W

049947-(VIII)-(2,5)-OSB 100°-SCM-CDD

STEDI MEDIA, 1, boulevard Ney, 75018 Paris
Dépôt légal, Imprimeur, n° 10232
Dépôt légal : juin 2006, suite du tirage : juin 2008
Imprimé en France